KÖNIGLICH!

Die Königsfiguren von Ralf Knoblauch

Ein Werkbuch zur Würde des Menschen für Religionsunterricht, Pastoral und Caritas

Herausgegeben von:
Ute Lonny-Platzbecker, Paul Platzbecker und Martin W. Ramb

Erarbeitet von:
Janina Euler
Helena Grote
Sophia Holzmann
Ute Lonny-Platzbecker
Anna-Lisa Lukannek
Paul Platzbecker
Kathrin Termin

Inhalt

4 Vorwort

8 »Wir sind sehr schnell dabei, andere zu entwürdigen«
Diakon Ralf Knoblauch im Gespräch über
seine »Königsfiguren«

18 Leben mit königlicher Würde
Deutung und kritische Orientierung
von Paul Platzbecker

26 »Rühr mich an!«
Ästhetisches Lernen mit den Königsfiguren
von Ralf Knoblauch von Ute Lonny-Platzbecker

32 Kinder als Könige unserer Welt
Eine Unterrichtssequenz für die Grundschule (Klasse 1/2)
von Kathrin Termin

42 (Königliche) Begegnungen heute –
Wer ist ein König für mich?
Eine Unterrichtssequenz für die Sekundarstufe I (Jg 6)
von Janina Euler

50 »So soll euer Licht vor den Menschen leuchten« (Mt 5,16)
Entwurf für einen Gottesdienst zum Thema Menschenwürde in der Sekundarstufe II (Einführungsphase)
von Sophia Holzmann

56 Selbstoptimierung versus Recht auf Unvollkommenheit
Eine Unterrichtssequenz zur Anthropologie in der
Sekundarstufe II (Einführungsphase)
von Helena Grote und Ute Lonny-Platzbecker

66 Jesus Christus - der wahre verheißene König?!
Eine Unterrichtssequenz in der Sekundarstufe II
(Qualifikationsphase)
von Anna-Lisa Lukannek

76 Projektideen für Unterricht und Schulpastoral
von Ute Lonny-Platzbecker

94 Mitwirkende

96 Impressum / QR-Code zum Praxismaterial

Vorwort

Alles beginnt mit einem Treibholz, das der Diakon Ralf Knoblauch in seinem Urlaub in Kroatien findet. Der gelernte Tischler beginnt noch vor Ort aus dem massiven Eichenstamm eine erste Königsfigur zu schnitzen, nicht ahnend, was er über die Jahre damit zur Welt bringen würde. Im Zuge seines allmorgendlichen Rituals in seiner Tischlerwerkstatt sind aus dem im Urlaub angefertigen Werkstück mittlerweile viele hundert Königinnen und Könige geworden, die von Bonn-Lessenich inzwischen in die ganze Welt reisen.

Wer den Königsskulpturen in ihrer meditativen Gelassenheit schon einmal begegnet ist, der fühlt sich sogleich von ihnen in den Bann gezogen. Schweigend scheinen sie uns aufzufordern: »Rühr mich an!« Man möchte ihnen über den Kopf streichen, um die Materialität des Holzes, die Risse, Ecken und Kanten zu spüren. Sie sind eben keine reinen Kunstwerke, die man distanziert betrachtet. Wer sie vielmehr anrührt oder sich einfach auf sie einlässt, wird selber berührt. Diese Königsfiguren, die so gar nicht dem Bild des prächtigen und machtvollen, in seinem beeindruckenden Auftritt gar einschüchternden Herrschers entsprechen, wirken dadurch, dass sie sich zurücknehmen. Gerade so entfaltet sich ihre ganze Kraft. Scheinbar machtlos, verletzlich und bescheiden zeigt sich ihre Größe und Würde im Verborgenen.

So berühren sie den Betrachter und erinnern uns an unsere eigene Königswürde – und daran, dass wir Menschen füreinander da sein sollen. Vor allem dort, wo wir an unserer Würde kratzen oder andere gar zu entwürdigen drohen. Demgegenüber nehmen die zerbrechlich wirkenden Skulpturen mit ihren ausgeprägten Fundamenten eine aufrechte Haltung und eine sehr klare Position ein. Es ist nämlich der Anspruch und der Zuspruch des Schöpfers selbst, dem der katholische Diakon in seinen Figuren gleichsam ein königliches Gesicht gibt. Dieses trägt er nicht nur in seiner pastoralen Arbeit in die sozialen Brennpunkte seiner Heimatgemeinden; inzwischen tauchen die Königsfiguren weltweit in Krankenhäusern, Hospizen und Gefängnissen, in zerstörten Dörfern und in Kriegsgebieten, in Flüchtlingslagern wie in der Seenotrettung auf. In prekären Lebensbedingungen oder in herausfordernden Konfliktsituationen erzählen sie über religiöse und ethnische Grenzen hinweg mahnend und ermutigend zugleich von der unverlierbaren Würde des Menschen: »Ja, so eine Königin, ein König bist du auch!« Dies hilft, dass »die Gleichheit an Würde aller Menschen […] unter allen Umständen anerkannt, geachtet, geschützt und gefördert wird«, wie Papst Franziskus dies eindringlich fordert.

Würde ist eine Kernbotschaft des christlichen Glaubens. Sie als profilierten Anspruch in religiöse Bildung und Pastoral einzubringen, ist das Anliegen dieses Werkbuches. Wir möchten das Irritierende und Anregende, das Herausfordernde und Stärkende der Königsfiguren Ralf Knoblauchs für religiöse Lernprozesse in Schule und Gemeinde fruchtbar machen. Wer an diesen Orten mit Kindern und Jugendlichen arbeitet, der weiß, dass Menschenwürde dort vielfach thematisiert wird. Die Fragen von Akzeptanz und Anerkennung, von gerechten Bildungs- und Lebenschancen, von Leistung und Selbstverwirklichung und vieles mehr sind nach wie vor äußerst virulent. Es ist der Bezug zur universalen königlichen Menschenwürde, der uns in den Differenzen und Spannungen der gegenwärtigen gesellschaftlichen und globalen Krisen zusammenhält. In unseren Schulen und Gemeinden geht es in diesem Sinne um die Stärkungen des Einzelnen in und für die Gemeinschaft. Ein selbstbestimmtes menschenwürdiges Leben für alle muss unser Ziel sein.

Mit den Königsfiguren, die Ralf Knoblauch auf Anfrage leihweise unter anderem auch für die Arbeit in der Schule zur Verfügung stellt, haben wir nun mehrfach in Schule, Fort- und Weiterbildung Impulse zum Thema Menschenwürde umgesetzt. Wir konnten Perspektiven für die Auseinandersetzung und Begegnung mit den Königsfiguren auch für Schülerinnen und Schüler entwickeln und erfolgreich erproben. Dies wird durch die kreativen Ideen und Erfahrungen unserer Autorinnen Janina Euler, Helena Grote, Sophia Holzmann, Anna-Lisa Lukannek und Kathrin Termin weiter unterstützt. Ihnen gilt unser aufrichtiger Dank!

Die Früchte dieser Arbeit möchten wir, Ihnen, den Kolleginnen und Kollegen in Schule und Pastoral, mit dem vorliegenden Werkbuch zur Verfügung stellen – als Anregung, sich mit Kindern und Jugendlichen in eine möglichst ganzheitliche Auseinandersetzung mit der Würde des Menschen zu begeben. Das Werkbuch und das umfangreiche digitale Begleitmaterial enthalten sowohl entsprechende Unterrichtsideen für den Religionsunterricht in der Grundschule bis hin zur Oberstufe als auch Impulstexte, Projektideen und exemplarische Gottesdienstabläufe für die pastorale Arbeit. Eindrucksvolle Fotos der Skulpturen laden zur persönlichen Auseinandersetzung und Meditation ein.

Wir wünschen Ihnen anrührende und königliche Begegnungen!

Ute Lonny-Platzbecker, Paul Platzbecker, Martin W. Ramb

Nichts ist königlicher – ein Psalm zur Würde des Menschen

Preisen will ich Dich Ewiger,
    Herr aller Zeit,
Urgrund des Lebens bist Du,
    sein Anfang und Ende.

Milliarden Jahre fließen dahin
    mit ihren Tagen und Nächten,
du allein bleibst, Quelle von allem,
    was wird und vergeht.

Nur Du weisst
    um die Grenzen des Kosmos,
die Zahl der Sterne und Welten
    sind einzig nur dir bekannt und vertraut.

Bunt und vielfältig
    ist deine bezaubernde Schöpfung,
und ebenso rätselhaft
    und voll ungelöstem Geheimnis.

Sanft und grausam zugleich
    zeigt sich die Kraft der Natur,
    so viel übersteigt
das Verstehn und Begreifen.

Unergründlich sind deine Gedanken
    und ewigen Pläne,
am Versuch sie zu erfassen
    scheitert der Mensch.

Doch hast du herausgehoben ihn
    aus der Schar deiner Werke,
von Ewigkeit an hast du
    als Ebenbild ihn gedacht und gewollt.

Mit grösserer Würde hast du
    kein anderes Lebewesen beprächtigt,
mit strahlender Schönheit
    steht er aufrecht vor dir.

Über alles, was deine Hände geformt,
    hast du ihn erhoben,
endlos war dein mutig liebendes
    Vertrauen in ihn.

Als schönstes aller Geschenke
    hast du ihm Freiheit verliehen,
die gefährliche Macht sich entscheiden zu können,
    so oder so.

Gewissenhaft und gradlinig nutzte er sie,
    behutsam und vorsichtig,
war ihrer würdig
    mit uneitlem Stolz und mit Feingefühl.

Immer dann wenn Menschen
    sich achten, sich mit Würde begegnen,
wenn weder Hass noch Eifersucht
    ihre Mienen versteinern,

schaust du zufrieden, Ewiger,
    auf ihr respektgefüllt gestaltetes Leben.
Ihre ehrlichen Alltage sind für dich
    das liebste Gebet.

Doch ebenso oft missbrauchen
    sie frech ihre Freiheit,
wenn herzlos und quälend,
    die Bestie in ihnen grausam erwacht.

Wenn sie in blinder Gier mit tödlichen Waffen
    den Nachbarn erschrecken,
sie gnadenlos unschuldiges Blut
    in Strömen vergießen.

Wenn sie mit kaltem Gesetz
    der Liebe die Flügel beschneiden,
brutal-arrogant definieren,
    wer sich lieben darf und wer nicht.

Wenn sie in maßloser Eitelkeit, dich Ewiger,
    für ihre brutalen Ziele missbrauchen,
die eigene Religion schändlich
    zur Artillerie pervertieren.

Dann bebst du aus Zorn
    und bitt'rer Enttäuschung,
wenn dich dein Ebenbild
    dreist und ohne Reue verrät.

Doch immer wieder auch legt sich
    dein Zorn und dein Schmerz
wenn Menschen sich selbst
    und ihre Gräben keck überwinden.

Kraftvoll und mächtig
    erstarkt die Würde des Menschen,
wenn er die Würde des anderen
    respektvoll begrüsst.

Nichts ist königlicher und ziert ihn mehr
    als diese achtsame Achtung.
Alle sind Ebenbilder des Ewigen,
    unvergleichbar, bunt und erfrischend verschieden.

Sie bleiben hellwach für das,
    was oft lautlos neben ihnen geschieht,
erheben mutig laut ihre Stimme
    wenn die Würde von Menschen wird giftig verletzt.

Ihr glaubwürdiges Wirken preist
    Dich Ewiger, Herr aller Zeit,
mit ihrem Leben, ungebeugt,
    beatmest du deine gefährdete Welt.

Stephan Wahl

»Wir sind sehr schnell dabei, andere zu entwürdigen«

Diakon Ralf Knoblauch im Gespräch mit Ute Lonny-Platzbecker und Martin Ramb über seine »Königsfiguren«

Wie sind Sie eigentlich auf die Idee gekommen, diese ungewöhnlichen Königsfiguren herzustellen?
Ich mache seit vielen Jahren Urlaub in Kroatien. In meinem ersten Beruf war ich Tischler, daher hatte ich schon immer eine besondere Affinität zum Werkstoff Holz. Holz war für mich immer ein sehr spirituell aufgeladenes Material, mit dem ich auch pastoral viel gearbeitet habe. 2007 habe ich einmal im Urlaub in Kroatien ein großes Stück Treibholz gefunden, einen massiven Eichenstamm. Für mich war da damals ein König oder das Königsmotiv drin. Ich dachte mir, das muss ich in der Zeit, in der ich in Kroatien bin, irgendwie rausholen. Also habe ich mir ein ruhiges Plätzchen gesucht, wo ich niemanden störe, und habe drei Wochen lang konzentriert das ganze überflüssige Holz weggeschlagen. Nach drei Wochen war der König da, und ich habe ihn natürlich mit nach Hause genommen.

Und warum ist es nicht bei diesem einen König geblieben? Inzwischen könnte man von einer ganzen Königsfamilie sprechen.
Es war schon so, dass während des Entstehungsprozesses im Urlaub immer sehr viele Leute auf mich zukamen, die dieses Geräusch hörten, und mich fragten, was ich da mache. Ich habe gemerkt, dass man über diese Figuren sehr schnell in gute und tiefe Gespräche über das Thema Würde, aber auch über grundsätzliche Lebensfragen mit Menschen kommt, die ich bis dahin nur oberflächlich kannte. Man hatte viele Jahre nur oberflächlich miteinander gesprochen und plötzlich ging es um Grundsätzliches, um die eigene Würde. Das hat mich sehr gereizt, sodass das Thema für mich immer mehr an Bedeutung gewonnen hat. Und als ich dann wieder hier war und mein Berufsalltag wieder begonnen hat, habe ich gemerkt, wie präsent dieses Thema in meinem Tun ist und wie sehr es mich beschäftigt.
Dass ich seitdem viele weitere Königsfiguren gemacht habe, hat sich dann in einem etwas längeren Prozess entwickelt. Es ist ein sehr meditatives und rituelles Tun geworden in einem bestimmten Zeitfenster am Morgen, zwischen 5 Uhr und 6 Uhr, in dem diese Könige entstehen. Und in diese Begegnung mit meinem Gott und meinen Königen nehme ich alles mit, was mir an Begegnungen vor die Füße fällt, was ich auch nicht steuern kann. Die finden ihre Verarbeitung in dieser Zeit, die sehr klar strukturiert ist, die auch sehr kontinuierlich immer wieder durchläuft. Dieser Prozess bringt in gewissen Abständen immer wieder neue Könige und Königinnen hervor.

Das heißt, Sie sind jeden Tag bei Ihren Königen oder in der Auseinandersetzung mit einem immer wieder neu entstehenden König?
Ja, genau. Meine Werkstatt ist auch meine Klausur, mein Raum, in dem ich auch mit meinem Gott ringe. Das ist für mich im weitesten Sinne eine Art Gebet. Das ist dann schon ein sehr kontemplatives Tun, das eigentlich nie unterbrochen wird. Nur am Wochenende mache ich eine Pause. Freitag ist immer der letzte Vormittag und dann fange ich am Montag wieder an. In den Ferien passiert manchmal mehr. Da nehme ich oft Holz mit und arbeite dann auch an Königen.

War es schon bei Ihrem ersten König so, dass Sie damit das Thema Würde verbunden haben und dass Sie in diesem König die Menschen gesehen haben, die Sie jetzt bei der Arbeit an den Königsfiguren auch vor Gott tragen?
Sicherlich nicht so ausgeprägt, aber dieses Königsmotiv hat mich schon immer beschäftigt. Ich habe zum Beispiel eine besondere Beziehung zu den Heiligen Drei Königen, auch weil ich im Kölner Dom zum Diakon geweiht wurde. Die biblischen Bilder und Motive des Königtums

Zur Person: Ralf Knoblauch

1964	geboren in Bottrop / NRW
1982 –1985	Tischlerausbildung
1985 – 1988	Besuch des Clemens-Hofbauer-Kollegs in Bad Driburg zur Erlangung der Hochschulreife
1989 – 1994	Studium der katholischen Theologie an der Ruhr-Universität Bochum
1994 – 1997	Ausbildung zum Pastoralreferenten im Erzbistum Köln
1997 – 2007	Tätigkeit als Pastoralreferent in Köln Longerich
Seit 2007	als Diakon in der Kirchengemeinde Thomas Morus im Bonner Nordwesten tätig; Knoblauch lebt mit Ehefrau und drei Kindern im Pfarrhaus von St. Laurentius in Bonn-Lessenich.

haben mich schon immer als ein sehr spannendes Thema angesprochen. Aber dass sich daraus eine so konkrete Umsetzung entwickelt hat, dass ich dieses Motiv der Königswürde für mich so deutlich auf die Menschen in ihrer konkreten Lebenswirklichkeit übertragen habe, das war ein Prozess, der sich nach und nach ergeben hat.

Die Könige sehen einerseits alle sehr unterschiedlich aus, aber sie haben doch alle etwas gemeinsam. Können Sie beschreiben, was diese Königsfiguren verbindet und was das für Sie bedeutet?
Die Königsfiguren sind immer gleich aufgebaut. Dieses klassische Bild, das wir von einem König im Kopf haben, diese Gestik, dieses Im-Vordergrund-Stehen, dieses Regieren-Wollen, all das spiegelt sich in meinen Königen nicht wider. Das ist ein Paradigmenwechsel.
Meine Könige sind völlig zurückgenommen, sie sind eher in sich gekehrt. Sie wollen keine Macht über andere ausüben. Vielmehr ist das Gegenüber aufgefordert, für diesen König oder diese Königin Partei oder Option zu ergreifen. Ich drücke das so aus, dass sie immer aus einem großen und schweren Sockel herauswachsen, der ihr Fundament ist. Das ist schon konstitutiv. Dann haben sie immer diese aufrechte Haltung und dieses gerade Rückgrat. Sie stehen mahnend für ihre Würde und fordern sie ständig da ein, wo sie angefragt ist. Das Zurückgenommen-Sein zeigt sich auch in den stets eng anliegenden, schmalen Armpartien und einer völlig reduzierten Kopfgestaltung.

»*Das ist so meins: bei den Menschen sein zu können*«

Meine Könige haben nie Ohren, nie Haare. Das ist für mich nicht wichtig. Das Entscheidende für mich ist die Mimik. Die beschränkt sich immer auf Augen, Nase, Mund. Die Mundwinkel sind immer nach oben gezogen, sehr einfach, fast archaisch ausgedrückt. Aber dieses leichte Schmunzeln im Gesicht ist mir wichtig, weil meine Könige in der Kommunikation mit ihrem Gegenüber die Menschen immer unterstützen und aufbauen sollen. Man soll nicht traurig oder niedergeschlagen aus einer Begegnung mit einem König oder einer Königin herausgehen. Ihre Augen sind meist geschlossen, was sie wiederum in hohem Maße verletzlich und verwundbar macht. Wer nichts sieht, braucht immer ein Gegenüber. Ich spiele mit dem Symbol der Krone. Manche tragen sie in der Hand, sie kann zu groß, zu klein sein. Oft sitzt sie auch auf dem Kopf, aber das muss nicht sein. Und die Könige haben immer die gleiche Farbe. Das verbindet sie thematisch sehr stark miteinander, weil sie alle für das Thema Würde stehen, und man erkennt sie dadurch auch überall auf der Welt wieder. Wenn man die Königinnen im christlich-religiösen Kontext interpretieren möchte, dann ist das meinerseits noch einmal eine Anspielung auf die Taufwürde. Der Täufling wird nach der Salbung zur Königin, zur Priesterin in der Tradition mit dem weißen Taufkleid bekleidet.

Sie haben schon gesagt, dass Sie selbst die Könige aus dem christlichen Kontext heraus schaffen und dass das für Sie eine Art Meditation vor Gott ist. Nun sind die Königinnen und Könige aber auch in der ganzen Welt unterwegs. Ich würde gerne wissen, wie es dazu gekommen ist, dass sie jetzt um die ganze Welt reisen und wie Sie das sehen, wenn sie in anderen religiösen oder kulturellen Kontexten stehen. Sind sie dort auch anschlussfähig?
Es hat sich so entwickelt, dass immer wieder neue Menschen auf mich zukommen mit Ideen, an welchen unterschiedlichen Orten ein König oder eine Königin seine oder ihre Botschaft den Menschen spiegeln kann: Auch ich bin ein Königskind und habe diese Würde. Durch die Gottesebenbildlichkeit ist sie mir geschenkt. Die kann mir niemand nehmen, auch wenn es mir vielleicht schlecht und dreckig geht. Das ist an ganz vielen Stellen so. Ich versuche, dies besonders dort noch einmal deutlich zu machen, wo Menschen in sehr, sehr schwierigen Lebenssituationen sind. Deshalb sind meine Könige genau an solchen Orten präsent: Sie sind in Kriegsgebie-

ten in der Ukraine, aber auch im arabischen Raum, sie sind bei Rettungsorganisationen, etwa bei der Seenotrettung im Mittelmeer, sie sind in Flüchtlingslagern und, und, und.
Und auch wenn wir den christlichen Kontext verlassen, habe ich positive Erfahrungen in der Begegnung mit den Königinnen und Königen gemacht: Ich war 2019 mit den Figuren im Oman, in Dubai und Abu Dhabi, also in sehr stark muslimisch geprägten Ländern. Dort haben wir sie in Workshops eingesetzt. Die Erfahrung war, dass die Menschen auch mit diesem Bild etwas anfangen konnten. Es war nicht dieses klassische Königsbild, wie wir es in Europa kennen, sondern dieses Zurückgenommene, in sich Zurückgezogene und völlig Reduzierte, das letztlich gespiegelt hat: Du hast Würde, so wie ich sie habe. Und welche Religion ich habe, spielt im Grunde keine Rolle. Das haben die Menschen durch diese Einfachheit und Schlichtheit sehr schnell erfahren können.

Dann sind die Königsfiguren für Sie auch politisch?
Ich bin Theologe, aber wenn ich meine Könige zu Wort kommen lasse, argumentiere ich selten sofort mit der Gottebenbildlichkeit und damit, dass wir alle Königskinder sind. Ich lasse mich sehr stark von meinem Demokratieverständnis leiten, von Artikel 1 des Grundgesetzes, von der Unantastbarkeit der Würde. Dann bin ich gleich in anderen säkularen Kontexten mit meinen Königen und bewege mich dann nicht in der Blase des Religiösen im engeren Sinne. Aber dann wird es für mich eigentlich spannend. Zum Beispiel in der Auseinandersetzung mit Menschen und Gruppierungen, die bestimmten Menschen mehr Würde zusprechen als anderen. Da haben meine Könige eine sehr klare und deutliche Position, deswegen ist der Sockel immer sehr ausgeprägt. Sie lassen sich in ihrer Position nicht einfach nach rechts oder links schieben, sondern sie stehen sehr fest auf ihrem Fundament und beharren auf ihrer Position der unbedingten Königswürde aller Menschen. Denn wir sind ständig in der Gefahr, an dieser Würde zu kratzen. Wir sind sehr schnell dabei, andere zu entwürdigen. Wir tun das bis in den Alltag hinein.

Wenn Sie die Königsfiguren mitbringen, was löst das bei den Menschen aus?
Ich benutze sie selbst sehr stark seelsorgerlich. Ich habe viel mit Menschen zu tun, die an ihrer Würde zweifeln. Wenn ich Hausbesuche mache, Menschen berate oder seelsorgerlich unterwegs bin, nehme ich oft einfach einen König oder eine Königin mit und stelle sie zum Gespräch in die Mitte. Das verändert sofort die Atmosphäre. Der Gesprächspartner ist vielleicht erst ein bisschen irritiert, merkt aber, dass er da angelächelt wird – und

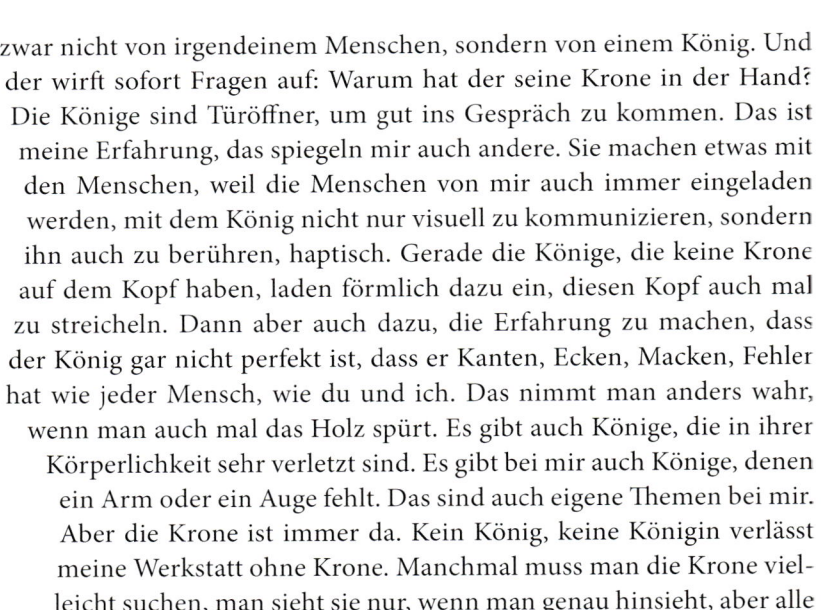

zwar nicht von irgendeinem Menschen, sondern von einem König. Und der wirft sofort Fragen auf: Warum hat der seine Krone in der Hand? Die Könige sind Türöffner, um gut ins Gespräch zu kommen. Das ist meine Erfahrung, das spiegeln mir auch andere. Sie machen etwas mit den Menschen, weil die Menschen von mir auch immer eingeladen werden, mit dem König nicht nur visuell zu kommunizieren, sondern ihn auch zu berühren, haptisch. Gerade die Könige, die keine Krone auf dem Kopf haben, laden förmlich dazu ein, diesen Kopf auch mal zu streicheln. Dann aber auch dazu, die Erfahrung zu machen, dass der König gar nicht perfekt ist, dass er Kanten, Ecken, Macken, Fehler hat wie jeder Mensch, wie du und ich. Das nimmt man anders wahr, wenn man auch mal das Holz spürt. Es gibt auch Könige, die in ihrer Körperlichkeit sehr verletzt sind. Es gibt bei mir auch Könige, denen ein Arm oder ein Auge fehlt. Das sind auch eigene Themen bei mir. Aber die Krone ist immer da. Kein König, keine Königin verlässt meine Werkstatt ohne Krone. Manchmal muss man die Krone vielleicht suchen, man sieht sie nur, wenn man genau hinsieht, aber alle haben eine.

Sind die Königsfiguren alle Königskinder oder sind es auch Darstellungen von Erwachsenen?

Das ist eine Frage der Interpretation, wie man sie sieht. Natürlich haben sie in ihrer Erscheinung etwas kindlich Naives. Bei manchen weiß man nicht, welches Geschlecht sie haben. Das kann ein König oder eine Königin sein, da ist keine ausgeprägte Brust. Sie lassen Raum für alles. Ob es ein Kind oder ein Erwachsener ist, das lasse ich offen, das möchte ich nicht so festlegen. Manche wirken vielleicht noch etwas mehr, als ob sie ins Kindliche übergehen. Aber das hängt nicht nur von der Größe ab, sondern wie man sie versteht. Mir geht es um die Kraft und das Potenzial, das sie vermitteln. Das liegt in ihrer absoluten Machtlosigkeit. Sie haben keine Macht. Sie sind keine Könige, die Macht haben. Dadurch geben sie ihre Kraft frei. Das ist auch eine Erfahrung, die mich in meinem Leben sehr stark geprägt hat. Die größten Potenziale liegen oft in der Ohnmacht verborgen – wie eine Greta Thunberg, die sich hingesetzt hat und in ihrer Ohnmacht, die sie ausdrückt, eine weltweite Bewegung ausgelöst hat. Oder Gandhi. Das hat für mich ein riesiges Potenzial. Jesus geht uns da mit gutem Beispiel voran. Das ist ein anderes Thema. Damit habe ich mich sehr beschäftigt, gerade was das Leiden und die Ohnmacht angeht. Ich habe sehr viel von Joseph Beuys gelernt und mich sehr intensiv mit ihm auseinandergesetzt. Da hat das Thema Leiden für mich noch einmal eine andere Qualität bekommen. Insofern tue ich mich auch sehr schwer mit dem Begriff »Künstler«. Obwohl ich immer wieder so genannt werde, möchte ich eigentlich nicht so genannt werden. Ich sehe meine Könige auch nicht unter irgendwelchen ästhetischen oder künstlerischen Aspekten in der Bewertung. Das will ich gar nicht.

Es geht darum, eine Kommunikationshilfe für ein Thema zu schaffen. Wenn ich mir Beuys und seine großen Weltthemen anschaue, dann ist es vielleicht mit meinem Thema Würde auch so. Ich möchte dieses Thema über diese Figuren möglichst breit in die Welt tragen. Ich merke an dem, was zurückkommt, dass man viel erreichen kann. Die Könige entfalten ihre Kraft besonders immer dann, wenn Ereignisse eintreten, denen wir machtlos gegenüberstehen. Dann sind sie ganz schnell da. Als Anfang des Jahres der Krieg in der Ukraine ausbrach, war für mich sehr schnell klar, dass es nicht lange dauern wird, bis Könige nach Kiew reisen und den Menschen in ihrer Hilflosigkeit ein wenig beistehen. Es hat nicht lange gedauert, bis Kolping oder andere Initiativen auf mich zugekommen sind. Und dann haben wir nach Wegen gesucht, wie das gehen kann. Oder als letztes Jahr die Flutkatastrophe war, da war für mich klar, da gehen die Könige hin. Oder wenn offener Protest notwendig ist, auch bei innerkirchlichen Themen. Da nehme ich auch kein Blatt vor den Mund. Die Frauenfrage, das Thema Gleichberechtigung sind ganz zentral. Da sind meine Königinnen und Könige sehr solidarisch und geben ein klares Statement nach außen. Die sind immer alle aus einem Holz geschnitzt und es wird nicht nach Geschlecht oder Funktion unterschieden.

»*Die Königsfiguren stehen fest auf ihrem Fundament und beharren auf ihrer Position der unbedingten Königswürde aller Menschen.*«

Glauben Sie, dass wir in einer besonders würdelosen Zeit leben, weil die Resonanz auf Ihre Königsskulpturen so groß ist?
Wir versuchen ständig, an dieser Würde zu kratzen. Das umspannt unser Leben. Es umfasst viele medizinethische Fragen vom Beginn des Lebens – etwa bei der Pränataldiagnostik – bis zum Ende des Lebens, beispielsweise bei der Frage: Wie geht würdevolles Sterben? Was gehört dazu? Das sind immer diese Grenzbereiche, wo meine Könige an die Würde des Menschen erinnern. Ich will nicht sagen, dass die Verletzungen der Würde mehr geworden sind, aber die Skulpturen haben schon alle Hände voll zu tun.

Das Demokratieverständnis in Verbindung mit Artikel 1 des Grundgesetzes –»die Würde des Menschen ist unantastbar«– hat ja wenig mit Monarchie und Königen zu tun. Da gibt es eine gewisse Spannung. Wir haben diese Tradition und kennen den christlichen König, aber ein König ist im allgemeinen Verständnis ein Herrscher und es gibt auch schlechte Könige. Trotzdem gelingt es offensichtlich, dass die Menschen das nicht als Spannung sehen, sondern dass der Begriff der »Würde« auch beim König vorhanden ist. Warum ist das so unproblematisch? Man könnte ja darüber stolpern und fragen, wie der Würdebegriff mit dem Königsein zusammenpasst.
Schwierig. Ich glaube, letztlich liegt es daran, dass sie von all dem Königlichen, was wir im Kopf haben, erst mal gar nichts haben. Und dass sie einfach diese 180-Grad-Wende machen. Das verstehen auch Leute, die nicht aus dem christlich-religiösen Kontext kommen. Das irritiert und regt an, sich kreativ damit auseinanderzusetzen, bei Muslimen genauso wie bei Atheisten. Dieses Lächeln im Gesicht hat auch etwas sehr Einladendes, sodass bei meinen Königen eigentlich nicht diese Spannung in der Begegnung entsteht.

Sie arbeiten handwerklich, verstehen sich aber bewusst nicht als Künstler. Wieso grenzen Sie sich so scharf ab?
Ich kenne viele Künstler persönlich gut, auch viele Bildhauer. Ich merke, wie sie unter regelrechtem Kreativstress leiden. Um von ihrer Kunst überhaupt leben zu können, müssen sie sich im-

mer wieder mit ihren Werken präsentieren. Ich kenne diesen Kreativstress in meinen Morgenstunden zum Glück nicht. Ich muss mich eben nicht wie ein Künstler permanent neu erfinden. Natürlich gibt es auch Menschen, die zu mir sagen, dass ich doch mal etwas anderes machen sollte als immer nur Könige. Aber das ist überhaupt nicht meine Baustelle. Ich will nichts anderes machen als diese Könige. Durch mein ritualisiertes und kontemplatives Tun arbeite ich mich an ihnen ab. Ich gehe das so strukturiert und klar für mich an, dass nach einer Stunde alles stehen und liegen bleibt, und am darauffolgenden Morgen setze ich genau da an, wo ich aufgehört habe. Dieser Prozess läuft immer durch. Ich mache das, was mir wichtig ist. Wenn meine pastorale Arbeit nicht wäre, mein diakonisches Tun, dann wüsste ich nicht, ob die Könige noch da wären. Das ist schon eine gegenseitige Abhängigkeit, aus der heraus das entsteht.

Welche Bedeutung hat in dem Zusammenhang die Vorstellung der Berufung für Sie?
Das ist schon nicht unbedeutend. Es ist ein Riesengeschenk, dass andere Menschen mir die Möglichkeit gegeben haben, mein Charisma, so wie ich es praktiziere, leben zu können. Meine Arbeit ist dabei für mich zu einer Art der Verkündigung geworden. Ich schaffe ja über die Könige Räume, die christliche Botschaft in die Welt zu tragen. Dafür muss ich sehr vielen Menschen dankbar sein. Aber es gibt auch Menschen, die darunter leiden, ihre Berufung, ihr Charisma nicht leben zu können, weil die Bedingungen es einfach nicht zulassen. Dann verkümmern solche Schätze. Demgegenüber lebe ich in einer sehr privilegierten Position und halte mir das auch immer sehr klar vor Augen.

Hat Ihre Art theologisch zu denken, Einfluss auf Ihre bildhauerische Arbeit?
Ja, ich glaube schon. Ich kann mich in der Skulptur wesentlich besser ausdrücken als im geschriebenen Wort. Ich bin nicht der Mann, der die großen Reden schwingt oder die theologische Argumentation für sich immer nach außen tragen muss. Ich gehe sehr schnell ins sehr praktische Tun über. Dabei merke ich, je näher ich bei den Menschen sein kann, desto mehr fühle ich mich auch in meiner Berufung geerdet. Das ist so meins: Bei den Menschen sein zu können. Eine besondere Rolle beim Entstehen der Königsfiguren spielen im Übrigen meine konkreten Begegnungen mit Menschen und Situationen. Deswegen gibt es auch in dieser Fülle von Königen und Königinnen besondere Werke, zu denen ich eine innigere Beziehung habe und die ich auch nicht loslassen könnte, die viel reisen, aber immer wieder zu mir nach Hause zurückkommen. Aber es gibt auch andere, von denen ich mich leicht trennen kann – diese können dann ihren Ort in der Welt finden.

»**Die Königsfiguren sind sehr politisch.**«

Wie gehen Sie mit dem Vorwurf um, das Projekt Ihrer Königsfiguren sei zu verharmlosend, zu beschwichtigend und würde das heiße Eisen Würde und Würdeverletzung nicht frontaler angehen? Könnte nicht der Gedanke der Verharmlosung, der Beruhigung, der Verniedlichung aufkommen?
Verharmlosung würde ich nicht zulassen wollen, weil die Königsfiguren in großen Themenfeldern sehr politisch sind. Das drücke ich dann auch durch Aktionen, Positionierung und Solidarität aus. Das ganze Thema Populismus und Rechtspopulismus ist zum Beispiel ein Riesenthema. In Ostdeutschland sind Königsfiguren unterwegs, wo Neonazis im Stadtrat sitzen und die Leute mit den Königen vielleicht als eine Art Mediatoren versuchen, mit den Rechten immer wieder ins Gespräch zu kommen. Das ist keine Verharmlosung, das ist knallhart, wie da miteinander über ethische Grundsatzfragen diskutiert wird. Auch das Thema Klimawandel ist bei meinen Königen ein ganz, ganz großes Thema. Das hat damit angefangen, dass Schülerinnen und Schüler zu mir gekommen sind und gefragt haben, ob sie die Könige einmal am Freitag mit

auf die Straße nehmen können zu den »Fridays for future«-Demonstrationen. Das befürworte ich sehr, weil hier die Frage nach dem Menschen als Krone der Schöpfung mit einem König, der so auftritt, noch einmal massiv infrage gestellt wird. Er will sich die Welt nicht untertan machen. Die Frage ist: Wie schaffen wir es, uns in der Schöpfungsordnung neu zu verorten, um diesem Klimawandel überhaupt noch etwas entgegensetzen zu können? Und dann sind Königsfiguren auch auf Klimakonferenzen einfach als Impulsgeber in der Mitte und Menschen werden angeregt, aus christlicher Sicht über den Umgang mit der Schöpfung nachzudenken und einen Beitrag zu leisten. Papst Franziskus hat mit Laudato sí eine wunderbare Enzyklika geschrieben. Aber in der Praxis sehen wir keine Veränderung. Wir laufen gegen die Wand und sind genauso machtlos wie die anderen. Da würde ich mir wünschen, dass die Frage der Würde und der Verantwortung durch meine Könige noch stärker eingebracht wird. Das ist ein zentrales Thema für die nächsten Jahre.

Auf den ersten Blick, wenn man die Hintergründe nicht kennt, kann ich das Missverständnis verstehen, dass hier ein Thema verharmlost würde. Aber mir ist es immer wichtig, den Hintergrund miteinzubeziehen, und wenn ich mich explizit positioniere, dann merkt man das sehr schnell. Das ist etwas sehr, sehr Politisches und Ernsthaftes, dem meine Königsfiguren ihren Impuls geben.

Sie übergeben Ihre Könige gezielt an einige Personen, aber auch im öffentlichen Raum sind sie zu finden. Dennoch empfindet man sie hier nicht als eine Art »Denkmal«.
Im weitesten Sinne sind sie in der Öffentlichkeit sehr präsent: in vielen Hospizen, auf Palliativstationen, in Krankenhauskapellen, in Gefängnissen. Sie treffen dort auf Menschen, die zum Beispiel ihre Angehörigen besuchen. Es sind stets sehr fokussierte Orte, die die Könige dann erhalten, sodass eine Kommunikation auf Augenhöhe erfolgen kann. Mir ist es wichtig, dass Menschen sich von den Königen ansprechen lassen, dass sie ganz praktisch nicht an dem König vorbeikommen, um hineinzukommen. Es passiert dann auch etwas mit den Menschen, davon bin ich überzeugt.

Welche Bedeutung können die Königsfiguren Ihrer Meinung nach im schulischen Kontext entfalten?
Meine Erfahrung mit Schülerinnen und Schülern ist, dass sich manche vielleicht erst ein bisschen schwertun, aber wenn man sie pädagogisch gut einbindet und gute Ideen und Impulse hat, dann ist es ein Selbstläufer. Dann passiert sehr viel auf verschiedenen Ebenen bei den Schülerinnen und Schülern, die ja auch schon Erfahrungen im Umgang mit Menschenwürde gemacht haben. Insofern können die Könige auch im schulischen Kontext Impulse für das Thema Würde, Würdeverletzungen und meine eigenen Handlungsmöglichkeiten geben.

Videoausschnitt aus dem Interview

Meistens wird Gott ganz leise Mensch
die Engel singen nicht
die Könige gehen vorbei
die Hirten bleiben bei ihren Herden

meistens wird Gott ganz leise Mensch
von der Öffentlichkeit unbemerkt
von den Menschen nicht zur Kenntnis genommen
in einer kleinen Zweizimmerwohnung
in einem Asylantenheim
in einem Krankenzimmer
in nächtlicher Verzweiflung
in der Stunde der Einsamkeit
in der Freude am Geliebten

meistens wird Gott ganz leise Mensch
wenn Menschen zu Menschen werden.

Ralf Knoblauch

Leben mit königlicher Würde
Deutung und kritische Orientierung

Von Paul Platzbecker

Die Vorstellung einer Menschenwürde gehört zu den Grundüberzeugungen einer christlich-jüdischen Anthropologie, die im christlichen Menschenbild kulminiert. Damit bietet sie zugleich eine Deutung an, die von bestimmten Mustern der Weltwahrnehmung, von biblischen, religiösen oder philosophischen Überzeugungen und von geschichtlichen Erfahrungen geprägt ist. Wenn auch die starken Voraussetzungen dieser Rede in einer plural-offenen Gesellschaft nicht mehr von allen geteilt werden, so sind die Implikationen christlicher Anthropologie für das nicht-religiöse Denken zumindest offen und anschlussfähig.

Nach biblischer (christlich-jüdischer) Auffassung ist das absolut Unverrechenbare menschlicher Existenz, anders gesagt: die unantastbare menschliche Würde, in einer Wirklichkeit verankert, die den Menschen grundsätzlich übersteigt und deshalb seiner Verfügbarkeit entzogen ist. Der Mensch ist nicht die letzte, sondern *nur* die vorletzte Instanz. Dennoch ist der Mensch nicht einfach nur Schöpfung Gottes (Gen 1,27), sondern als Bild Gottes (Imago Dei) geschaffen. Er ist so ein Spiegel dessen, der die Freiheit und die Liebe ist. Damit spricht der alttestamentliche Schöpfungshymnus allen Menschen zu, was altorientalische Religionen – vor allem in Ägypten – im Wesentlichen allein dem jeweiligen König zugesprochen haben. Über den Menschen schlechthin ist somit das Höchste gesagt, ein »edlerer Adel« kann ihm nicht zugesagt werden, so der Rabbiner Leo Baeck. Denn im Ebenbild berühren sich die transzendente und die irdische Welt; es ist die Voraussetzung, dass Gott dem Menschen als schöpferischer Partner begegnen und ihn bei seinem Namen rufen kann (Jes 43,19). Die Würde der Gottesebenbildlichkeit ist damit weder Teil noch Eigenschaft des Menschen. Sie kommt stattdessen dem ganzen Menschen zu – unabhängig von seinem sozialen Rang, seiner Volkszugehörigkeit oder seinem Geschlecht als unverlierbare, gnadenhafte Beziehungsaussage des Schöpfers.

Im Blick auf (religiöse) Bildung und Erziehung bedeutet dies: Das Kind und der Heranwachsende werden nicht erst zu Menschen, sie sind es von Anfang an. Der Wert und die Würde ihrer Person bemessen sich zu keiner Zeit nach ihrem Alter, ihrem Geschlecht, ihrer ethnischen Herkunft, ihren Begabungen, ihrer Leistung oder (ähnlichem) Nutzen. Als Kern des christlichen Humanums liegt die Würde vielmehr aller Erziehung und Bildung voraus, daher ist an dieser kritisch Maß zu nehmen. Dies zeigt zugleich: Das so Grund gelegte christliche Menschenbild bietet keine abstrakte Idee oder gar ein Idealbild des Menschseins, das stets droht totalitär zu werden. Ebenbild des geheimnisvollen Schöpfers zu sein, bedeutet, dass auch wir uns im Letzten unbegreifbar bleiben, mit anderen Worten: wir sind stets mehr als wir von uns wissen! Kritisch lässt sich so das christliche Menschenbild gegenüber reduktionistisch vereinnahmenden Anthropologien abgrenzen, die zudem den Ambiguitäten und Ambivalenzen menschlichen Lebens nicht gerecht werden.

Sagen lässt sich indes, dass das christliche Menschenbild näherhin verschiedene Spannungsverhältnisse impliziert, zwischen deren Polen sich menschliches Leben zu verstehen sucht. Diese Spannungen zu halten, ohne sie nach der einen oder anderen Seite hin aufzulösen, erweist sich auch in Bildungs- und Erziehungsprozessen, wie sie im Religionsunterricht und der Pastoral stattfinden, als Herausforderung.

Zwischen Verdanktheit und Autonomie

Was Menschsein bedeutet, erschließt sich im biblisch-christlichen Verstehenshorizont also aus der Beziehung zum Schöpfer-Gott: Als Geschöpf ist der Mensch nicht einfach ins Dasein »geworfen«, sondern in der ganzen Vielschichtigkeit seiner Existenz gehalten und getragen von einem Urheber, der sein Geschöpf wohl-wollend begleitet. Diese Zusage wird eindrücklich im Tauf-Sakrament, wenn es den Täufling als »neue Schöpfung in Christus« (2 Kor 5,17) unauslöschlich zum Propheten, Priester und König salbt. Damit ist ein Vor-Zeichen für alle weiteren Deutungsmomente gesetzt. Eine solche nicht selbst hervorgebrachte, sondern vielmehr rein verdankte Existenzweise ermächtigt nämlich zu Eigenständigkeit und Verantwortlichkeit; sie stellt den Menschen vor die Herausforderung, seine Welt aktiv und verantwortlich zu gestalten (Gen 1,28), sein Leben in die Hand zu nehmen und es im Sinne seiner Fähigkeiten und in Beziehung zu anderen zu führen. Als zur Freiheit Berufener ist der Mensch bildsam und lernfähig, sich seine Persönlichkeit selber auszubilden – mit dem Ziel, als freie und eigenverantwortliche Person am sozialen, politischen, ökonomischen, kulturellen und religiösen Leben teilzunehmen.

Kritische Impulse:
- Was bedeutet es, sich (nicht) als ‚verdankt' zu empfinden und danach zu handeln?

- Wo stoßen wir auf Tendenzen, sich ausschließlich ‚als Projekt seiner selbst' zu sehen?

- Inwiefern glauben oder zweifeln wir an unserer Würde und / oder der Würde des Anderen?

- Wo leugnen Menschen die Gabe der Freiheit – und damit die Aufgabe der Verantwortung?

Zwischen Individualität und sozialer Verwiesenheit

Jedes menschliche Leben ist nach christlicher Überzeugung einmalig und unverwechselbar. Zugleich ist der Mensch als Abbild des gemeinschaftsstiftenden Gottes aber schon hinsichtlich seiner Genese auf menschliche Gemeinschaft und Gesellschaft hingeordnet und angewiesen. Mit anderen Worten: der Mensch ist zugleich beziehungsfähig, aber auch bleibend beziehungsabhängig. Diese Spannung gehört zu den strukturierenden Grundmomenten des christlich gedeuteten Personbegriffs, der von daher auch für die Bereiche von Erziehung und Bildung von zentraler Bedeutung ist. Indem der Begriff auf der Gleichursprünglichkeit und der bleibenden Spannungseinheit von individuellem Selbststand und sozialer Verwiesenheit besteht, wendet er sich kritisch gegen Deutungsangebote, die menschliche Existenz entweder auf Kosten der Beziehungshaftigkeit individualistisch verengen oder auf Kosten seiner Individualität und Eigenständigkeit kollektivistisch verkürzen. Einseitige Verhältnisbestimmungen sind von hier aus im Ansatz zu kritisieren. Eigenwohl und Gemeinwohl bedingen einander.

Kritische Impulse:
- Wo und wie gelingt es uns, die Königswürde im Anderen zu entdecken und anzuerkennen?

- Welche Haltung, welche Entscheidungen und welche Handlungen werden unserer eigenen königlichen Würde gerecht?

- In welchen Situationen sind wir aufgerufen, zu Verteidigern der Würde des Anderen – im Sinne einer »widerständigen Menschlichkeit« (Bischof Franz-Josef Overbeck) zu werden?

- In welchen gesellschaftlichen und politischen Kontexten droht das grundlegende Verhältnis von »Ich und Wir« einseitig zu werden?

Zwischen verantwortlicher Freiheit und Schuldanfälligkeit

In den bisher skizzierten Spannungsbögen erschließt sich die Polarität von vernünftiger und verantwortlicher Freiheit und Schuldanfälligkeit, von Schuldfähigkeit und Fehlbarkeit. Auch sie prägt menschliches Leben von Anfang an, was Bildung und Erziehung nicht ignorieren dürfen. Die Ermächtigung zur Freiheit eröffnet den Raum zum Handeln und Gestalten von Welt; sie fordert heraus zur Verantwortung, zum dialogischen, reflektierten Entscheiden über die eigenen Lebenswege und gesellschaftliche Prozesse. All dies steht aber zugleich in der Ambivalenz möglichen Scheiterns. So sind wir als Mit-Schöpfer (Gen 1,28) häufig versucht, Leben und Schöpfung in Gänze dem eigenen uneingeschränkten Verfügungswillen zu unterwerfen. Der Mensch kann radikal »Mensch für andere« sein, er kann aber genauso gänzlich in sich verschlossen bleiben. Das zeigt: Menschliche Motive und Absichten sind nicht immer rein, sie sind anfällig für negative Einflüsse und korrumpierbar. Eine christliche Anthropologie ist daher realistisch: Sie geht davon aus, dass diese Anfälligkeit im irdischen Leben nicht überwindbar ist – das ist ein Sinngehalt der theologischen Rede von der Erbsünde (natura corrupta), die durch die Taufe zwar getilgt wird, die Schwäche und Hinfälligkeit des Menschen aber zurücklässt. Auch der unvollkommene, sündige Mensch verliert dabei seine königliche Würde indes nicht. Dennoch vermag der Mensch seine Existenz im Letzten nicht selber zu rechtfertigen, sondern ist – theologisch gesprochen – auf Erlösung angewiesen. So ist er bleibend auf Versöhnung angewiesen, um immer wieder einen Neuanfang wagen zu können. Christen glauben, dass ihnen dies durch Jesus Christus, den scheinbar »machtlosen König«, ein für alle Mal und geschichtlich unüberbietbar zugesagt ist.

Kritische Impulse:
- Wie und warum ent-würdigen wir andere Menschen?

- Wieso kommt es überhaupt zu Ausgrenzung, Diskriminierung und Verzweckung des Anderen?

- Wo und warum wird Schuld verdrängt und geleugnet? Was hindert an der Anerkennung eigener Schuld?

- Wo wird Schuld bleibend mit dem Schuldigen verbunden, so dass seine Würde nicht wieder anerkannt wird?

Zwischen Selbstüberschreitung und Sterblichkeit

Jedes menschliche Leben geht von Anfang an auf den Tod zu – auch dies widerspricht seiner königlichen Würde nicht. Ohnmacht, Leid und Krankheit können sie nicht entstellen (Ps 22,6). Ein christliches Verständnis setzt vielmehr die Erfahrung von Endlichkeit, Verwundbarkeit und Sterblichkeit in ein Spannungsverhältnis mit der Fähigkeit zur Transzendenz und der Hoffnung auf Erlösung. Die Fähigkeit, Distanz zu sich selbst zu nehmen, die Sinnfrage zu stellen und sich nicht im jeweiligen Tagesgeschäft buchstäblich zu erschöpfen, steht immer schon im Zeichen der Todesperspektive eines jeden menschlichen Lebens. Christlicher Glaube kann aber an die erste Grundspannung von Verdanktheit und Eigenständigkeit menschlichen Lebens anknüpfen: Der Glaube an einen guten Schöpfer-Gott erübrigt nicht die Frage nach dem *Wozu* von Leiderfahrung und Todesverfallenheit; diese Frage findet im Sinnhorizont biblischer Gotteserfahrung und ihrer christlichen Deutungen keine einfache Antwort. Sie wird vielmehr klagend offen gehalten in der Hoffnung auf den Gott, der sich selbst mit der menschlichen Leidens- und Todeserfahrung – zuletzt in seinem Sohn Jesus Christus – gemein gemacht hat und stets an der Seite der Trauernden und Schwachen steht. Dieser Gott kommt damit nicht als Vertröster ins Spiel. Vielmehr muss einerseits in seinem Namen buchstäblich alles Mögliche für die Überwindung des Leids getan werden. Andererseits ermöglicht das Festhalten an einer eschatologischen Heilshoffnung Gelassenheit gegenüber hypertrophen, diesseitigen Heilsprophetien bzw. gegenüber einer angestrengten, aber vergänglichen Weltimmanenz. Wird allein Gott als Vollender der Welt geglaubt, geraten damit alle (un)bewussten Perfektibilitäts-Ideale (der Bildung) in die Kritik.

Kritische Impulse:
- Wo und wie werden Menschen sich ihrer individuellen und kollektiven Vulnerabilität bewusst? Wie und warum verdrängen sie diese?

- Wo werden gesellschaftlich Tendenzen eines inhumanen Perfektionismus bzw. einer angestrengten Diesseitigkeit greifbar?

- Was hilft, die eigene Vulnerabilität und Unvollkommenheit – ebenso wie die des Anderen – anzunehmen?

- Wo begegnet man Tendenzen zur Selbstoptimierung als letztlich vergeblicher, ersatz-religiöser Versuch der Selbsterlösung?

Fazit

Durch die skizzierten Spannungsmomente scheint auf, was der abstrakte Begriff »Menschenwürde« in einem christlichen Deutungshorizont meint: Menschsein ist verdankte, zu sich selbst befreite und zu verantwortlichem Handeln ermächtigte, aber endliche und gefährdete Existenz; weil sie verdankt und in ihrer Anfälligkeit von Gott dennoch angenommen ist, entzieht sie sich der letzten Verfügbarkeit durch den Menschen selbst. Deshalb ist die königliche Würde des Menschen unantastbar. Diese Vorstellung wird nicht nur in modernen Rechtsordnungen als Konsensbasis behauptet, sie fungiert zugleich als Prüfkriterium und Korrektiv, von dem her bestimmte gesellschaftliche Handlungsoptionen als unvereinbar ausgeschlossen werden müssen; das christliche Menschenbild ist regulative Idee, nicht Handlungsnorm. Aufgabe der Christinnen und Christen und ihrer Kirchen ist es, diese regulative Idee so in die gesellschaftlichen und bildungspolitischen Debatten einzubringen, dass ihre kritische Orientierungskraft deutlich wird. Plausibilität gewinnt das Menschenbild aber erst, wenn die hier verankerten Wert-Prioritäten im Kontext von Erziehung und Bildung so zum Tragen kommen, dass sie sich auch im Religionsunterricht und in der Pastoral als lebensdienlich erweisen.

Zum Zeichen

**Königin
zum Zeichen von Verletzlichkeit
im harten Holz**

**In aufrechter Haltung
kann sie ermutigen
und aufrichten, die Gebeugten**

**Gehobelt
mit grober Feile
aus gutem Holz geschnitzt**

**Viel getragen und erlebet,
im Balken des Fachwerkhauses
so manche Träne begleitet**

**Im Balken des Fachwerkhauses
viele Jahre getragen
durch Krieg und Sturm und Jahr**

**Königin
Begleiterin in schweren Zeiten
in unbändiger Ehrlichkeit und Würde**

Kerstin Müllers
Dipl. Religionspädagogin, Gesundheits- und Krankenpflegerin,
KrPflG, Staatl. anerk. Heilpädagogin

»Rühr mich an!«

Ästhetisches Lernen mit den Königsfiguren von Ralf Knoblauch

Von Ute Lonny-Platzbecker

Menschenwürde im schulischen Kontext
In welchen Situationen und Erlebnissen im Kontext von Schule ist Ihnen das Thema Würde des Menschen bereits begegnet? Denken Sie hier an Erfahrungen von Mobbing, Markendruck, Rassismus, Leistungsdruck oder Homophobie in der Schülerschaft oder kommen Ihnen eher Aktionen der AG »Schule ohne Rassismus«, die letzte Spendensammlung und die Aktivität der Umwelt-AG in den Sinn? Empfinden Sie Ihre eigene Arbeit und Ihre Lehrerpersönlichkeit als ausreichend gewürdigt oder begegnen Ihnen vor allen Dingen Gleichgültigkeit, Kritik oder gar Anfeindungen in Ihrem beruflichen Alltag? Welche Erfahrungen in der Schulgemeinschaft – im Umgang aller Beteiligten miteinander – bringen die Würde des Gegenübers zur Entfaltung, welche hindern dies?

Mit welcher der Königsfiguren von Ralf Knoblauch, die als Botschafter für die unbedingte königliche Würde eines jeden Menschen einstehen, können Sie sich selbst oder können sich wohl Ihre Schülerinnen und Schüler (SuS) gerade am ehesten identifizieren? Ist es eine, die stolz ihre große Krone auf dem erhobenen Haupt trägt, oder eher eine Figur, deren Krone klein und verborgen hinter ihren Füßen zu finden ist?

Auf vielfältige Weise – in- und außerunterrichtlich – begegnet das Thema der menschlichen Würde im Kontext Schule und spielt eine wesentliche Rolle bei der der Schule aufgetragenen Demokratiebildung, d.h. der Erziehung mündiger Bürgerinnen und Bürger in einer demokratischen Gesellschaft. Das Einbinden der Königsfiguren von Ralf Knoblauch visualisiert das Thema in besonderer Weise, macht es in gewisser Weise greifbar und kann zum Handlungsimpuls werden, sodass ein Lernen durch Engagement angestoßen wird.

Impulse zur Auseinandersetzung mit den Königsfiguren nach den Prinzipien des Ästhetischen Lernens
Die Königsfiguren von Ralf Knoblauch können in verschiedenen Fächern und auch außerunterrichtlich in der Schule zum Einsatz kommen. Dabei können sie – etwa bei Beratungsgesprächen – einfach als Impulsgeber im Raum stehen. Bei der Arbeit mit den Königsfiguren kann aber darüber hinaus nach den Prinzipien des ästhetischen Lernens eine intensive Auseinandersetzung mit ihnen erfolgen, die verschiedene Sinne anspricht, sich durch Methodenvielfalt auszeichnet und einen multisensorischen und emotionalen Zugang zur angesprochenen Thematik eröffnet.

Für die Religionspädagogik gilt Kunst gar als *locus theologicus*, der für Glaube, Leben und Theologie Erkenntnisse freisetzt. Folgt man dem Prinzip des *Kunstorientierten Lernens*[1], das ästhetisches Lernen gezielt auf Kunstwerke im eigentlichen Sinne, d.h. ästhetisch gestaltete Objekte, fokussiert, ergeben sich verschiedene Analogien zwischen ästhetischer Erfahrung und religiöser Erfahrung: beide überschreiten den Alltag und zweckrationales Denken und eröffnen Perspektiven eines (gänzlich) anderen Lebens. Dabei liegt die Bildungsrelevanz in der Auseinandersetzung mit Kunst – und dies gilt nicht nur im religionspädagogischen Kontext - gerade in der den Alltag überschreitenden Erfahrung, die diese jenseits von zweckrationalem Denken eröffnet.

Auch die Auseinandersetzung mit den Königsfiguren von Ralf Knoblauch erzeugt eine Erfahrung von Verfremdung unserer bisherigen Ordnung, die zugleich zu verunsichern vermag, aber auch Neugier wecken kann. Dies geschieht bei den Königsfiguren, die Ralf Knoblauch gar nicht als reine Kunstobjekte verstanden wissen will, indem die übliche, pracht- und machtvolle Vorstellung eines Königs durchbrochen wird, aber die Stärke und Würde im Unscheinbaren entdeckt werden kann.

Die Königsfiguren beziehen sich dabei explizit auf die Glaubensaussage von der dem Menschen durch Gott (in der Taufe) zugesagten unantastbaren Würde (s. »Taufkleid«). Auch nehmen sie Bezug auf die Rede von Christus als Messias, d.h. Gesalbter und König - einem König, dessen »Reich nicht von dieser Welt« (Joh 18, 38) ist und der nicht als autokratischer Herrscher, sondern in seinem Leiden scheinbar machtlos auftritt. Sie bergen aber auch unabhängig von der eigenen Glaubenshaltung die Mahnung an den Erhalt der eigenen und der Würde des Anderen, wie sie in Artikel 1 des Grundgesetzes verbrieft ist. Die Königsfiguren können Impulsgeber sein, um sich der eigenen (königlichen) unantastbaren und unbedingten Menschenwürde bewusst zu werden und deren Achtung für sich und andere einzufordern und zu verwirklichen.

Das Prinzip des *Performativ-ästhetischen Lernens* folgt der Grundannahme, dass Religion und Glaube nicht rein rational zugänglich sind, sondern darüber hinaus auch raum-leiblich, d.h. sinnlich und eben auch ästhetisch. Auch die Königsfiguren von Ralf Knoblauch möchten in diesem Sinne berühren und berührt werden und laden so auch SuS zu einer ganzheitlichen, alle Sinne ansprechenden Begegnung ein. Das ungeschliffene, teilweise rissige Holz lässt Unebenheiten und gleichsam Verletzungen oder Spuren des Lebens ertasten. Der Duft des Leinöls, mit denen die Könige am Ende des Schaffensprozesses behandelt werden, lässt die Königssalbung sinnlich erahnen. Der Blick in das beinahe archaisch anmutende lächelnde Gesicht einer Königsfigur kann einen positiven Effekt auslösen. Aber auch das eigene Gestalten von Königsfiguren, das Einnehmen einer ausdrucksvollen Körperhaltung im Raum in Bezug zu den Königsfiguren, die symbolische Krönung mit der eigenen königlichen Würde, das Aufnehmen von Fotos der Königsfiguren in einem passenden Kontext ermöglichen ein solches performativ-ästhetisches Lernen.

In der Schule bieten die Königsfiguren von Ralf Knoblauch im Unterricht, aber auch bei außerunterrichtlichen Projekten und (schulpastoralen) Aktionen zahlreiche Anlässe, nach dem Prinzip des *Wahrnehmungsorientierten Lernens* das Thema der unbedingten menschlichen Würde in den Fokus zu stellen und dabei vielfältige Zugänge zu eröffnen. Das ästhetische Lernen folgt dabei der antiken Dreiteilung von bewusster Wahrnehmung (*aisthesis*) und tätiger Auseinandersetzung (*poiesis*), die schließlich in eine Haltungsänderung und neue Positionierung der Lernenden, der sogenannten Reinigung (*katharsis*), münden kann.

Wahrnehmungsorientiertes Lernen räumt der Verlangsamung der Wahrnehmung (*aisthesis*) die Bedeutung eines zentralen didaktischen Prinzips ein. Das Betrachten der Königsfiguren – etwa beim ruhigen Umhergehen im Raum von meditativer Musik begleitet – und das Berühren ihres grob bearbeiteten Holzes fördert die sinnliche Wahrnehmungsfähigkeit. Dies kann unterstützt werden durch eine meditative Annäherung, die die Lernenden zum genauen Hinschauen und Vertiefen ihres ersten Eindrucks dieser besonderen Königinnen und Könige einlädt. Die Könige animieren in einem weiteren Schritt aber auch zu eigenem künstlerischem Tun, gleichsam der ästhetischen Gestaltung von Wirklichkeit (*poiesis*) durch die SuS. So können sie z.B. mit Modelliermasse, Farbe und Blattgold eigene kleine Königsfiguren als Zeichen der menschlichen Würde gestalten. Sie können die Königsfiguren z.B. fotografisch in bestimmte Kontexte – innerschulisch, lokal oder global - setzen und dort die Würde des Menschen thematisieren und sichtbar machen. Es können lyrische Texte wie Elfchen, Haiku, Songtexte, Poetryslam, prophetische Rede u.a. zu den Königsfiguren und ihrer Botschaft zur Menschenwürde verfasst und z.B. im Rahmen einer Ausstellung mit den Königsfiguren oder einer Veranstaltung zum Thema Menschenwürde präsentiert und vorgetragen werden. Die SuS können »Giveaways« mit dem Motiv der Königsfigur und einem passenden Text, z.B. in Scheckkarten- oder Postkartenformat, für einen »königlichen« Gottesdienst gestalten. Dieses vordergründig rein künstlerische Tun zielt darauf, auch ästhetisch Möglichkeiten zu entdecken, die Welt neu und menschenwürdiger zu gestalten. Indem die Königsfiguren auf diese Weise vielfältig und handlungsorientiert erschlossen werden, ermöglicht die Auseinandersetzung mit ihnen die bewusste persönliche Positionierung zum Thema. Dabei löst die unperfekte, scheinbar machtlose Königsfigur ggf. Irritation von gewohnter Wahrnehmung aus und eröffnet neue Perspektiven auf die Welt und sich selbst (katharsis). Die SuS werden – auch unabhängig von einer christlichen Glaubenshaltung – eingeladen, ihre eigene Würde im Bild des Königs / der Königin wahrzunehmen und diese auch im Gegenüber zu entdecken: »Entdecke deine (unsichtbare) Krone! Begegne jedem Menschen wie einem König / einer Königin! Hilf ihr / ihm, die eigene Königswürde zu entdecken!«

So fördert die Auseinandersetzung mit den Königsfiguren Ralf Knoblauchs und der mit diesen verbundenen – auch politisch verstandenen – Botschaft von der unantastbaren Würde jedes Menschen ethisches Lernen und damit das kritische Bewusstsein für die Gefährdung und Verletzung der Menschenwürde, sie befähigt zu kritischem Urteil und sensibilisiert für humaneres Urteilen und Handeln.

---

[1] Die folgenden Ausführungen zum Ästhtetischen lernen beziehen sich auf: Gärtner, Claudia: Ästhetisches Lernen, in: Kropač, Ulrich; Riegel, Ulrich (Hgg.): Handbuch Religionsdidaktik. Stuttgart 2021, 266-272.

Was macht einen König aus?
Die goldene Krone zeigt seine Herrschaftsmacht.
Wie trägt der König vor dir seine Krone?
Zeigt der König vor dir seinen Reichtum und seine Macht?
Woher erhält der König vor dir seine Würde?

Was macht einen König aus?
Das Holz der Figur ist rissig und uneben.
Wie wirken diese Spuren des Lebens an dem König vor dir?
Ist der König vor dir verletzlich?
Ist er versehrt?
Woran erkennt ein König seine Würde?

Was macht einen König aus?
Der König vor dir steht fest auf einem massiven Sockel?
Wirkt der König vor dir unsicher?
Ist der König vor dir ein Ebenbild Gottes?
Woher bekommen wir Menschen unsere Würde?

Frank Wessel
Schulreferent u. Schulseelsorger

Kinder als Könige unserer Welt

Eine Unterrichtssequenz für die Grundschule (Klasse 1/2)

Von Kathrin Termin

Denn Menschen wie ihnen gehört das Himmelreich« (Mt 19,14) – Jesus, der neue König, spricht den Kindern königliche Würde und ein würdevolles Leben zu

Unterrichtsidee

In dieser Unterrichtsreihe wird zunächst das Vorwissen zu Königen und Königinnen von Schülerinnen und Schülern (SuS) der Schuleingangsphase (1/2 Schuljahr) gesammelt und durch die Begegnung mit den Königsfiguren irritiert. Könige und Königinnen begegnen Kindern in erster Linie in Märchen, Büchern und Filmen. Hier werden sie in den meisten Fällen negativ konnotiert. Sie werden als Herrscher einer Region dargestellt, die ihre Macht missbrauchen und ihr Volk ausbeuten. Sie häufen Besitztümer an und regieren nicht gerecht. Königinnen treten oft, wie in der Geschichte von Schneewittchen, als Widersacherinnen auf, die um jeden Preis versuchen, ihre Pläne in die Tat umzusetzen. Auch in biblischen Geschichten werden diese Wesensmerkmale den weltlichen Königen zugeschrieben. Ein eindrückliches Beispiel hierfür ist König Herodes, der die Sterndeuter beauftragt, ihm mitzuteilen, wo Jesus, der neue König, geboren wurde, um im Anschluss seine Ermordung zu beauftragen. Negative Zuschreibungen von Königinnen finden sich zudem in israelitischen und judäischen Erzählungen. Dort werden sie als böse, niederträchtig und politisch machtvoll beschrieben[1].

In den biblischen Erzählungen und den christlichen Überlieferungen lassen sich aber auch Könige und Königinnen finden, die gerecht regierten und vorbildlich handelten, wie zum Beispiel König Salomo, der sich von Gott Weisheit wünschte, um sein Volk gerecht regieren zu können, oder Königin Ester, die mutig handelte und einen geplanten Genozid an ihrem eigenen Volk, den Juden, verhinderte. Diese biblischen Figuren sind eher unbekannt und könnten im Rahmen einer Unterrichtsreihe zu den Königsfiguren ab Klasse 3 beleuchtet werden.

In dieser Unterrichtsreihe geht es um eine Erstbegegnung, damit der Kontrast zwischen weltlichen Königinnen und Königen und den Königsfiguren von Ralf Knoblauch herausgearbeitet wird, so dass im Anschluss an die Sammlung des Vorwissens eine Königsfigur oder Bilder von den Königsfiguren betrachtet werden. Dabei wird schnell deutlich, dass die Königsfiguren den Vorstellungen der Kinder, bis auf die goldene Krone, nicht entsprechen. Sie tragen einfache, schlichte Kleidung und wirken bescheiden und friedlich.

Anschließend erfolgt der Übergang zu Jesus, der, wie in der Geburtsgeschichte nach Mt 2,1-2,12 erzählt, durch einen Stern als neuer und anderer König angekündigt wird und in der Armut eines Stalles geboren wurde. Er wird als König des Friedens, der Liebe und der Kleinen und Ausgegrenzten an vielen Stellen in der Bibel vorgestellt und hat bis zu seinem Tod am Kreuz als König der Juden durch sein Handeln auf Missstände zur damaligen Zeit aufmerksam gemacht. Um Jesus als neuen und anderen König vorzustellen, kann entweder bei der Weihnachtsgeschichte nach Mt angesetzt oder auf eine Erzählung von Jesu Handeln, in der er sich Ausgegrenzten zuwendet, zurückgegriffen werden.

Das Bilderbuch Das Weihnachtsversprechen vom Gütersloher Verlagshaus stellt Jesus als neuen, rettenden und ewigen König vor und hebt den Kontrast zwischen weltlichen Königen und dem neugeborenen, göttlichen König sehr gut hervor. Dieses Buch kann vor allem in Klasse 1 eingesetzt werden, wenn die Weihnachtsgeschichten noch nicht im Religionsunterricht thematisiert wurden.

In Klasse 2 bietet sich die Arbeit mit einem Kunstwerk, wie z.B. dem Hundertguldenblatt von Rembrandt an. In dieser Radierung steht Jesus hell erleuchtet im Mittelpunkt von Menschen aus unterschiedlichen sozialen Milieus. Manche der Menschen diskutieren untereinander und

distanzieren sich von Jesus. Andere sind ihm zugewandt und wenden sich ihm hoffnungsvoll zu. Bei genauerer Betrachtung können verschiedene Ereignisse aus dem Leben Jesu nach Mt 19 identifiziert werden: Die Heilung von Menschen (Mt 19,1-2), Die Segnung der Kinder (Mt 19,13-14), Die Frage eines Mannes zum Erreichen des ewigen Lebens (Mt 19,16-30). Vor allem fällt der Kontrast zwischen der rechten, dunklen und der linken, hellen Seite auf. Jesus nimmt eine Art Vermittlerrolle ein und wendet sich sowohl der Personengruppe auf der rechten als auch der linken Seite zu. Er ist das Bindebild zwischen den unterschiedlichen gesellschaftlichen Schichten und ermöglicht der Personengruppe auf der rechten Seite aus der Dunkelheit ins Licht zu kommen. Er ist ein König, der sich allen Menschen zuwendet. Ein König, der Licht ins Dunkel bringt.[2]

Wird in einer weiteren Stunde nur die linke Seite der Radierung betrachtet, kann ein Bezug zur Kindersegnung hergestellt werden. Eine Frau trägt einen Säugling zu Jesus und auch ein anderes Kind zeigt auf Jesus und möchte zu ihm. Links von Jesus steht eine Gruppe von Männern, die skeptisch zu ihm schauen. Diese Gruppe könnten die Jünger sein, welche die Leute daran hindern wollen, die Kinder zu Jesus zu bringen (vgl. Mt 19,13). Jesus weist sie mit seiner rechten Hand zurück und sagt: Lasst die Kinder und hindert sie nicht, zu mir zu kommen! Denn Menschen wie ihnen gehört das Himmelreich (Mt 19,14). In dieser biblischen Erzählung macht Jesus deutlich, dass Gott »sich auch denen zu[wendet], die sich noch keine Verdienste verschafft haben.«[3] Gerade ihnen, den Kindern, gehört das Reich Gottes. Sie sind Könige des Himmelreichs, die dazu beitragen, dass das Reich Gottes bereits in der Gegenwart erfahrbar wird. Aus diesem Grund sollen die Erwachsenen die Kinder würdevoll behandeln und sie nicht klein halten. Diese Botschaft der Kindersegnung tragen auch die Königsfiguren von Ralf Knoblauch weiter, indem sie Kinder aus unterschiedlichen Teilen der Welt besuchen. Durch ihre geschlossenen Augen könnte der Eindruck entstehen, dass sie von einer besseren Welt für diese Kinder träumen.

Um den Bezug zur königlichen Würde der SuS zu ziehen, eignet sich das Bilderbuch Die unsichtbare Krone von Birgit Minichmayr. Das Buch handelt von dem Mädchen Lotta, welches von sich selbst denkt, nichts besonders gut zu können. Sowohl zuhause als auch in der Schule gibt es immer wieder Situationen, in denen Lotta sich nicht wohl fühlt. Eines Nachts hat sie einen Traum. Sie begegnet einem König, der als Jesus identifiziert werden kann. Dieser König lächelt sie freundlich an und erzählt ihr davon, dass sie eine Krone trägt. Es ist eigentlich eine unsichtbare Krone, die immer da ist und weder herunterfallen noch zerbrechen kann. Als Lotta am nächsten Morgen aufwacht, muss sie an ihre Krone denken und bekommt direkt gute Laune. »Sie hatte ein neues Gefühl in sich, das wohl am ehesten mit dem Wort *Würde* zu beschreiben ist.«[4] An dieser Stelle wird die Geschichte unterbrochen und die SuS werden mit selbstgebastelten Kronen zu Königen und Königinnen gekrönt. Die Bedeutung des Wortes »Würde« kann somit auch emotional mit Inhalt gefüllt werden.

Durch das Bewusstwerden der eigenen königlichen Würde bekommt auch Lotta einen anderen Blick auf Situationen in ihrem Alltag und merkt, dass sie Handlungsspielräume hat und für ein würdevolles Leben einstehen kann. Situationen, in denen SuS geärgert oder ausgegrenzt werden, sind den SuS aus ihrer eigenen Lebenswelt bekannt und können durch Situationen erweitert werden, in denen sie nicht alleine handlungsfähig sind und Unterstützung brauchen. In solchen Situationen kann die eigene Krone ins Wanken geraten und das Selbstwertgefühl eines Kindes sinken. Aus diesem Grund ist es wichtig, gemeinsam mit den SuS zu überlegen, auf wen sie zugehen können, wenn sie beispielsweise immer von den selben SuS gehänselt werden und es alleine nicht schaffen, sich dieser Situation zu entziehen. So wie die Königsfiguren einen Holzsockel bzw. ein Fundament haben, so können sich die SuS auch darüber im Klaren werden, wer sie im Leben trägt und unterstützt.

Nicht nur das Wohl des eigenen Lebens, sondern auch das Wohl der anderen soll zum Abschluss der Unterrichtssequenz beleuchtet werden. Hier können die letzten Seiten des Bilderbuches als Impuls dienen. Im letzten Teil sieht Lotta einen Jungen, der traurig und sorgenvoll im Klassenraum sitzt. Sie denkt an die Krone des Jungen und ihre eigene Krone und geht auf den Jungen zu. An dieser Stelle endet das Bilderbuch und die Fantasie der SuS ist gefragt. Neben möglichen Handlungen von Lotta überlegen sich die SuS, wie sie in ihrem Leben würdevoll handeln können und kommen zur Erkenntnis, dass wir Könige füreinander Sorge tragen.

In Klasse 3 kann anknüpfend an diese Unterrichtsreihe auf die Sternsingeraktion eingegangen werden, so dass die SuS ein konkretes Projekt kennenlernen, bei dem Kinder als Könige verkleidet, Geld für Kinder in Not sammeln. Umfangreiches und kostenfreies Material kann über die Internetseite https://www.sternsinger.de/bildungsmaterial/fuer-schulen/ heruntergeladen werden.

Aufbau der Unterrichtssequenz

1. KönigIn = KönigIn?

   Indem die SuS ihr Vorwissen zum Themenbereich Könige und Königinnen sammeln und es mit den Königsfiguren von Ralf Knoblauch vergleichen, erkennen sie den Kontrast zwischen ihren Vorstellungen und der künstlerischen Darstellungsweise.

2. Jesus, der neue König

   Die SuS lernen durch die Begegnung mit dem Hundertguldenblatt Jesus als verheißenen und besonderen König kennen, der sich besonders Ausgegrenzten zuwendete und sie aus der Dunkelheit ins Licht holte.

3. Jesus und die Könige träumen von einer besseren Welt

   Durch die Beschäftigung mit der Geschichte der Kindersegnung erfahren die SuS, dass Jesus sich den Kleinen zuwendet und ihnen königliche Würde zuspricht und er wie die Königsfiguren von einer besseren Welt träumt.

4. Wir sind Könige und Königinnen

   Die SuS erkennen durch den ersten Teil der Geschichte »Die unsichtbare Krone«, dass Jesus sie zu Königen und Königinnen ernennt und ihnen Würde zuspricht.

5. Würdevolles Leben

   Durch die Konfrontation mit alltäglichen Situationen überlegen sich die SuS mögliche Handlungsspielräume, in denen sie sich würdevoll behandelt fühlen und sammeln Unterstützungsmöglichkeiten für Situationen, in denen ihre Krone ins Wanken gerät.

6. Ich handle würdevoll

   Die SuS setzen sich mit der Frage auseinander, was es in ihrem alltäglichen Leben bedeutet, ein/e König/in zu sein, und überlegen sich, wie sie würdevoll handeln können.

Angesprochene Themenfelder und angezielte Kompetenzen[5]

Miteinander leben in Gottes Schöpfung; inhaltlicher Schwerpunkt: Ich – Du – Wir

Die Schülerinnen und Schüler
- bewerten Möglichkeiten des achtsamen Umgangs mit sich und anderen,
- beschreiben ihre Einmaligkeit und die Unverwechselbarkeit eines jeden Menschen,
- geben Erzählungen von der Sorge Gottes und der Zuwendung Jesu zu den Menschen wieder und beziehen sie auf ihre Erfahrungen,
- bewerten Erfahrungen im Zusammenleben mit anderen vor dem Hintergrund der Einmaligkeit und Bedeutsamkeit jedes einzelnen Menschen für Gott.

Jesus Christus; inhaltlicher Schwerpunkt: Jesu Leben in Worten und Taten

Die Schülerinnen und Schüler
- erschließen anhand biblischer Geschichten zentrale Elemente im Leben und Handeln Jesu.

Phase / Zeit	Inhalt / Unterrichtsgeschehen	Sozialform	Medien / Material
1. KönigIn = KönigIn?			
Einstieg 10 min	Lehrkraft (L) schreibt die Wörter König und Königin an die Tafel und sammelt das Vorwissen von den SuS. Ggf. kann L ein/e König/in nach Vorstellung der SuS an die Tafel zeichnen. Anschließend wird eine Königsfigur oder ein Bild davon gezeigt, beschrieben und mit ersten Assoziationen der SuS verglichen. Es wird zur Frage: Was ist der Unterschied zwischen unseren Königsvorstellungen und der Königsfigur? übergeleitet.	Kinokreis	Tafel (Bild von) Königsfigur
Erarbeitung 20 Min	SuS zeichnen auf einem Arbeitsblatt (AB) neben dem Bild einer Königsfigur eine/n König/in nach ihren Vorstellungen und schreiben oder kreisen Unterschiede der beiden Darstellungen auf/ein.	Einzelarbeit	AB 1
Sicherung 15 Min	Exemplarische Ergebnisse der SuS werden vorgestellt und auf dem Tafelbild ergänzt. Ggf. kann ein Museumsgang zu den Zeichnungen der SuS erfolgen. Zur Vertiefung können Adjektive oder ein Königstitel zu beiden Darstellungen gefunden werden (reicher, machtvoller, böser, ungerechter König vs. freundlicher, bescheidener, lieber, lächelnder König). L gibt weiterführende Informationen zu den Königsfiguren von Ralf Knoblauch.	Plenum	
2. Jesus, der neue König			
Einstieg 10 min	SuS knüpfen mithilfe der Königsfigur an ihre Erkenntnisse aus der letzten Stunde an. L informiert die SuS darüber, dass sie heute einen besonderen König kennenlernen werden und zeigt ihnen die rechte Seite inklusive Jesusfigur der Radierung Hundertguldenblatt von Rembrandt. Zu dem Bild wird eine Bildbetrachtung mit folgenden Impulsfragen Was siehst du? Was denkst du über das Bild? durchgeführt. Wichtig ist hierbei, dass die SuS erkennen, dass Jesus die hellste Stelle auf diesem Bildausschnitt ist. L gibt folgenden Impuls: Zur Zeit Jesu war das Leben einiger Menschen dunkel. Kannst du dir vorstellen warum? Wie ist Jesus diesen Menschen begegnet? Wenn den SuS noch keine Heilungserzählungen (z.B. Heilung des blinden Bartimäus) bekannt sind, berichtet L von dunklen Situationen von Menschen zur Zeit Jesu: - Kranke wurden von der Gesellschaft aufgrund ihrer Krankheit und der Angst vor Ansteckung verstoßen und mussten außerhalb der Stadt leben. - Arme Menschen hatten nicht genug zu essen, weil sie hohe Abgaben zahlen mussten.	Plenum	(Bild von) Königsfigur Radierung Hundertguldenblatt von Rembrandt

Erarbeitung 20 Min	SuS erhalten ein AB mit Bildausschnitten und geben den Personen auf dem Bild eine Stimme, indem sie Sprechblasen zu ausgewählten Personen ausfüllen und sich überlegen, was Jesus antworten könnte. Zusätzlich können die SuS passende Farben für die Personen auswählen und in ihrem Bild zeigen, dass durch Jesus das Leben der Menschen heller wird.	Einzelarbeit	AB 2
Sicherung 15 Min	Exemplarische Ergebnisse der SuS werden vorgestellt. Anschließend legt L eine Krone auf Jesu Kopf und sagt: Vor langer Zeit versprach Gott einen neuen König zu schicken. Für einige Menschen war Jesus dieser König. Was denkst du, warum die Menschen das gedacht haben? Was für ein König ist Jesus?	Plenum	kleine Papierkrone

3. Jesus und die Könige träumen von einer besseren Welt			
Einstieg 20 min	SuS knüpfen mithilfe der Radierung Hundertguldenblatt von Rembrandt an die Erkenntnisse der letzten Stunde an. L deckt die linke Seite des Bildes auf und lässt die SuS das Bild beschreiben. Dabei wird ein besonderes Augenmerk auf die drei abgebildeten Kinder und die vier Personen rechts von Jesus gelegt. L liest die biblische Erzählung der Kindersegnung (Mt 19,3-15) vor. Die SuS wiederholen anhand der Radierung die Erzählung. L spricht mit den SuS darüber, dass Kinder zur Zeit Jesu wenig zu sagen hatten und legt Kronen auf die Köpfe der Kinder und fragt die SuS, worauf Jesus die Menschen aufmerksam machen möchte, als er die Kinder zu sich kommen lässt und ihnen die Hände auflegt.	Plenum	Radierung Hundertguldenblatt von Rembrandt kleine Papierkronen
Erarbeitung 15 Min	SuS erhalten ein AB mit dem Bildausschnitt und malen oder schreiben in eine Gedankenblase, was für ein Leben sich Jesus für die Kinder wünscht.	Einzelarbeit	AB 3
Sicherung 10 Min	Die Bilder der SuS werden in einem Museumsgang präsentiert. Im Anschluss zeigt L den SuS ein Foto, auf dem eine Königsfigur mit Kindern zu sehen ist und gibt den Impuls: Auch die Königsfiguren machen die Menschen auf die Lebenssituation von Kindern auf unserer Welt aufmerksam. Sie reisen um die Welt und tragen die Botschaft Jesu weiter. Was haben sie zu sagen? Die SuS bekommen eine Königsfigur in die Hand und sprechen für sie.	Sitzkreis	Foto Königsfigur und Kinder (Bild von) Königsfigur

4. Wir sind Könige und Königinnen			
Einstieg 10 min	SuS knüpfen mithilfe des Fotos aus der letzten Stunde an ihre Erkenntnisse an. L erzählt davon, dass es auch an unserer Schule Kinder gibt, denen es nicht gut geht. SuS sammeln erste Gedanken zu dem Thema. Anschließend liest L S. 6-21 des Bilderbuches »Die unsichtbare Krone« vor und legt während des Vorlesens einen Spiegel, eine Krone und das Wort »Würde« in die Mitte. SuS wiederholen den Inhalt der Erzählung. L reicht den Spiegel und die Krone herum und sagt, dass auch die SuS, wie Lotta, wertvoll sind und eine Krone tragen.	Sitzkreis	Foto; Bilderbuch »Die unsichtbare Krone«; Spiegel, Krone, Wortkarte
Erarbeitung 20 Min	SuS gestalten mit unterschiedlichen Materialien eine eigene Krone.	Einzelarbeit	Kronenvorlage
Sicherung 15 Min	SuS bringen ihre Krone mit in den Sitzkreis und legen sie vor sich ab. L bittet die SuS der Reihe nach in die Mitte des Kreises zu kommen. Neben L steht die Königsfigur. L krönt die SuS mit ihren Kronen und den Worten: Liebe/r (Name des Kindes) diese Königsfigur möchte dich daran erinnern, dass du dein Leben lang eine unsichtbare Krone trägst und würdevoll bist. Als Zeichen dieser Worte, setze ich dir diese Krone auf. Die anderen SuS bekommen den Beobachtungsauftrag: Beobachte bei den anderen, was die Krönung mit ihnen macht. Die SuS schildern ihre Beobachtungen und eigenen Gefühle bei der Krönung und setzen sie mit dem Wort Würde in Verbindung.	Stehkreis	(Bild von) Königsfigur

5. Würdevolles Leben			
Einstieg 10 min	SuS knüpfen mithilfe der Gegenstände aus der letzten Stunde an ihre Erkenntnisse an. L liest das Bilderbuch bis S. 27 vor und stellt immer wieder zwischendurch die Frage, was die SuS denken, wie Lotta in den Situationen handeln könnte, wenn sie an ihre Krone denkt. L leitet zur Arbeitsphase über: Sicher gibt es auch in deinem Leben Situationen, in denen du dich unwohl fühlst und die Gedanken an deine Krone dir helfen können, die Situation zu ändern.	Sitzkreis	Spiegel, Krone, Wortkarte; Bilderbuch Die unsichtbare Krone
Erarbeitung 20 Min	SuS sprechen über Situationen, in denen sie sich unwohl fühlen und überlegen sich Handlungsmöglichkeiten, um die Situation zu ändern. Sie suchen sich eine Situation aus und üben dazu ein Rollenspiel ein. Ggf. gibt L den Paaren eine Situation vor oder nutzt die Bilder aus dem Bilderbuch als Anregung.	Partnerarbeit	

Sicherung 15 Min	SuS spielen ihre Situation vor und überlegen gemeinsam nach jeder Situation ein Adjektiv für den / die König/in (mutig, tapfer, furchtlos, dankbar, aufmerksam). Ggf. können die Adjektive als Königstitel auf den Kronen der SuS ergänzt werden. L nennt eine Situation, die nicht allein bewältigt werden kann und sammelt mit den SuS Personen, die sie bei einem würdevollen Leben unterstützen können. Die L schreibt die Begriffe auf Post-its und klebt sie auf den Sockel der Königsfiguren.	Plenum	(Bild von) Königsfigur, Post-its

6. Ich handle würdevoll			
Einstieg 10 min	SuS knüpfen mithilfe der Königsfigur und der Post-its an die Erkenntnisse der letzten Stunde an. L liest den letzten Teil S. 28-30 vor. SuS wiederholen die Geschichte und nennen erste Ideen, wie Lotta handeln könnte.	Sitzkreis	
Erarbeitung 20 Min	SuS führen das Bilderbuch zu Ende, indem sie aufmalen und aufschreiben, wie Lotta einem weinenden Jungen aus ihrer Klasse hilft.	Einzelarbeit	AB 4
Sicherung 15 Min	Exemplarische Ergebnisse der SuS werden vorgestellt. L stellt die Frage: In welchen Situationen, brauchen andere deine Hilfe? Wie kannst du in diesen Situationen, wie Lotta, königlich und würdevoll handeln? Was bedeutet es, dass wir alle Könige und Königinnen sind?		

Literatur:

Jost, Renate: Art. Königin (AT), in: Das Wissenschaftliche Bibellexikon im Internet (www.wibilex.de), 2012 (Zugriffsdatum: 02.02.2023), (http://www.bibelwissenschaft.de/stichwort/23736/)

Minichmayr, Birgit (Text) / Vamos, Tanja (Illustration): Die unsichtbare Krone, Altmünster 2022³.

Ministerium für Schule und Bildung des Landes Nordrhein-Westfalen: Lehrplan für die Primarstufe in Nordrhein-Westfalen, Fach Katholische Religionslehre, Düsseldorf 2021.

Mitchell, Alison (Text) / Echeverri, Catalina (Illustration): Das Weihnachtsversprechen, München 2020.

Niehl, Franz W. (Hg.): Leben lernen mit der Bibel. Der Textkommentar zu Meine Schulbibel, München 2014², 209-211.

Pietsch, Michael: Art. König / Königtum (AT) in: Das Wissenschaftliche Bibellexikon im Internet (www.wibilex.de), 2014 (Zugriffsdatum: 02.02.2023), (https://www.bibelwissenschaft.de/stichwort/23844/)

---

[1] vgl. Jost, Reante: Art. Königin (AT), 2012, 2.3.4.

[2] Eine Bildinterpretation zum Hundertguldenblatt von Rembrandt findet sich unter: https://www.dietrich-bonhoeffer.net/fileadmin/media/projekte/werkbuch-6/m-6-10_bild_mit_lehrerinformation.pdf.

[3] Niehl, Franz W.: Leben lernen mit der Bibel, 2014², 210.

[4] Minichmayr, Birgit: Die unsichtbare Krone, 2022³, 21.

[5] Ministerium für Schule und Bildung Nordrhein-Westfalen: Lehrplan für die Primarstufe in Nordrhein-Westfalen, 2021, 162ff.

Christus König

Mit kostbarem Öl gesalbt in Betanien
Gekrönt mit einer Dornenkrone
Dein Reich ist nicht von dieser Welt

In der Taufe haben wir Anteil an deinem Königtum
Mit Chrisam gesalbt
Gekrönt als deine Königskinder

Die Pflegekraft im Altenheim
Das Kind im Jugendhospiz
Die Reinigungskraft in der Schule
Das Mobbingopfer in der Klasse
Die Führungskraft im Betrieb
Der Arbeiter im Straßenbau
Die Trauernden in Kriegsgebieten
Die Geflüchteten im Auffanglager

Wir sind gekrönt
Als Könige und Königinnen in deinem Reich
Mit einer Krone aus Gold
Und manchmal mit einer Dornenkrone

Unter deinem Kreuz.

Ute Lonny-Platzbecker

(Königliche) Begegnungen heute – Wer ist ein König für mich?
Eine Unterrichtssequenz für die Sekundarstufe I (Jahrgang 6)

Von Janina Euler

Unterrichtsidee

Wer oder was ist ein König oder eine Königin für mich? Auch Schülerinnen und Schülern (SuS) soll diese Frage gestellt werden. Auf eine Antwort muss sicher nicht lange gewartet werden: »Stark und reich« muss ein König sein oder auch »ein mächtiger Herrscher«. Das Bild des großen Königs mit leuchtender Krone und kostbarem Gewand erscheint uns fast unwillkürlich vor dem inneren Auge. Deshalb sind sicherlich viele auf den ersten Blick überrascht von den Königsskulpturen von Ralf Knoblauch, weil sie mit unseren Vorstellungen nicht übereinstimmen. Sie zeigen Königinnen und Könige, die zunächst überhaupt nicht groß und stark erscheinen. Und doch rütteln sie an uns. Sie kommen mit einer lebenswichtigen Botschaft zu uns: Das Königliche steckt im Unscheinbaren; im vermeintlich Geringen. Eine Botschaft, die auch Jesus immer wieder an die Menschen seiner Zeit herangetragen hat und die auch im Religionsunterricht eine wichtige Rolle spielt.

Die Botschaft der Königsfiguren hat heute nicht an Aktualität eingebüßt. Und ist gerade für junge Menschen äußerst bedeutsam. Sich unbedeutend, ausgeschlossen oder schwach zu fühlen sind Grunderfahrungen, mit denen viele Kinder und Jugendliche konfrontiert werden. Dieses überträgt sich auch auf ihre Vorstellungen, mit denen sie ihr eigenes Umfeld wahrnehmen. Es bilden sich Muster von »gut« und »schlecht«, in welche ihre Wahrnehmungen einsortiert werden. Und es entsteht Druck, mithalten zu müssen, um von seinen Mitmenschen als »gut« wahrgenommen zu werden. So sind SuS möglicherweise zunächst irritiert, wenn sie mit den Königsskulpturen konfrontiert werden: »Die Figur kann kein richtiger König sein. Er sieht arm und komisch aus. Er hat billige Klamotten.«, könnte es zum Beispiel heißen. Die Königsskulpturen Knoblauchs werden durch diesen kognitiven Konflikt, der die Lernenden mit Erfahrungen konfrontiert, die nicht mit ihren Erwartungen übereinstimmen, zu bedeutenden Lernchancen für den Religionsunterricht. Sie machen deutlich, dass nicht Reichtum oder Macht Menschen Wert verleiht, sondern jeder Mensch immerwährende, unbedingte königliche Würde besitzt. Und so können sie kleine Zeichen des Mutes setzen, sich selbst und das eigene Umfeld mit anderen Augen zu betrachten.

Es wird eine Unterrichtsidee vorgestellt, welche die Königsskulpturen Knoblauchs in eine Unterrichtssequenz einbettet, die einen erfahrungsorientierten Zugang mit ausgewählten biblischen Begegnungen Jesu anstrebt. Erfahrungsorientiert meint hier, dass zentrale Gefühle und / oder Erfahrungen aus den biblischen Erzählungen in den Mittelpunkt der Unterrichtsstunden gestellt werden, um eine korrelative Begegnung zwischen der Erfahrungswelt der Lernenden und der Bibel zu ermöglichen. Die Auseinandersetzung mit den Königsskulpturen findet anknüpfend als »Krönung« der biblischen Begegnungen statt, um ihre Bedeutungskraft in unsere Lebenswelt zu führen. Die Königisfiguren werden so zu Botschafterinnen und Botschaftern von Menschenwürde und Nächstenliebe. Hierzu werden vor allem Methoden eingeflochten, die eine individuelle Begegnung zwischen den Lernenden und der biblischen Erfahrungswelt anregen. Besonders dekonstruktive und fragmentarische biblische Lernangebote, wie zum Beispiel das Arbeiten mit separaten Textabschnitten oder veränderten Bibeltexten, haben sich als lohnend erwiesen.[1] Intention ist es, die Vorstellungen der Lernenden aus den gängigen Mustern zu heben, zum eigenen Nachdenken und Interpretieren anzuregen sowie neue Denkmuster zu entwickeln. Dazu müssen Angebote geschaffen werden, die eine persönliche Auseinandersetzung ermöglichen, wozu sich kreative Arbeitsmethoden wie das Gestalten eigener Bilder oder Schreibaufträge eignen.

Thema

Die Sequenz bewegt sich im Themenfeld der »Botschaft Jesu in seiner Zeit und Umwelt« für die Jahrgangsstufen 5 und 6. Da die Auseinandersetzung mit den Königsskulpturen im Zusammenhang mit ausgewählten biblischen Begegnungsgeschichten steht, ist es empfehlenswert, Zeit, Lebensumstände und gesellschaftliche Gruppen im Umfeld Jesu bereits vorab zu thematisieren. So ist ein Grundverständnis geschaffen, auf dessen Basis die Unterrichtssequenz ansetzen kann. Die Bibel erzählt von Begegnungen Jesu mit Menschen verschiedener Gruppen, die von ihrem Umfeld wohl als wenig königlich angesehen wurden. Am Beispiel des blinden Bartimäus, der Ehebrecherin sowie des Zöllners Zachäus werden in der Unterrichtssequenz Figuren vorgestellt, die aus verschiedenen Gründen von ihrem Umfeld Ablehnung und Einsamkeit erfahren. Jesus begegnet diesen Ausgestoßenen mit Liebe und Zuwendung. Er setzt sich über gesellschaftliche Tabus hinweg und macht uns darauf aufmerksam, dass Gottes Zusage jedem Menschen gilt. Die Königsfiguren Knoblauchs knüpfen hier an. Sie stellen im Zusammenhang mit den biblisch akzentuierten Unterrichtseinheiten die Frage nach »königlichen« Begegnungen heute.

Angezielte Kompetenzen

Die angezielten Kompetenzen der Unterrichtssequenz liegen vor allem im Bereich der Förderung von Methoden- und Urteilskompetenzen. Zum einen werden durch verschiedene biblische Lernarrangements die Fähigkeiten der Lernenden gefördert, biblische Texte angemessen zu erschließen und sie im Umgang mit der Bibel vertraut(er) zu machen. In den Unterrichtseinheiten steht die Erschließung des Sinngehaltes im Vordergrund der Lernangebote.[2] Die SuS sollen durch die Materialien dazu angeregt werden, auf verschiedene Weisen in Ansätzen eigene Interpretationen der Erzählungen zu äußern. Zudem findet auch die Förderung von Kompetenzen des ästhetischen Lernens Beachtung, besonders im Zuge der Arbeit mit den Königsskulpturen. Die Unterrichtseinheit bietet Raum für Entschleunigung sowie Schulung der Wahrnehmungs- und Gestaltungskompetenzen, wobei angezielt ist, über die eigene Wahrnehmung und kreative Gestaltung zu eigenen theologischen Deutungen zu gelangen.

Aufbau der Unterrichtsreihe

1. Eine augenöffnende Begegnung	
Zeitliche Struktur	Eine Doppelstunde / 2 Schulstunden (je 45 Minuten)
Thematische Strukturierung	Eine augenöffnende Begegnung: Erfahrungsorientierte Auseinandersetzung mit dem Heilungswunder des Blinden bei Jericho (Mk 10, 46-52) mit Hilfe eines fragmentarischen biblischen Lernarrangements.
Lernwege	Die Unterrichtseinheit ist grundsätzlich daran orientiert, einen Bezug zwischen der biblischen Erzählung und den Gefühlen u. Erfahrungen der SuS zu ermöglichen. Um die Erfahrungen in der biblischen Überlieferung aufzudecken und eigene Bezüge zu schaffen, führt die Person Bartimäus durch die Unterrichtseinheit. Er berichtet zunächst von seiner schwierigen Lebenssituation und abschließend rückblickend von seiner Begegnung mit Jesus. Bartimäus wird als ganzheitliche Person mit seinen Lebensumständen und Sorgen in den Mittelpunkt gestellt. Die Arbeit mit dem Bibeltext erfolgt, indem die SuS den Text nur fragmentarisch lesen und selbst fortsetzen.
Materialien	Fiktiver Monolog des Bartimäus nach eigenem Entwurf, der auf der biblischen Erzählung Mk 10,46-52 basiert; abgespielt als Tonaufnahme oder gelesen als Text. Der erste Teil fungiert als Einstieg, der zweite Teil als entscheidendes Element in der Vertiefung. Arbeitsblätter zur Auseinandersetzung mit der biblischen Erzählung und Arbeitsauftrag.
Lernprogression/ Kompetenzerwerb	Die folgenden Unterrichtseinheiten fördern die Sachkompetenz anhand von biblischen Erzählungen zu erläutern, inwiefern sich Jesus benachteiligten Personen beispielhaft zugewendet hat. Dabei ist das Ziel der Unterrichtseinheit, die Heilung des Bartimäus als liebende Zuwendung Jesu zu beurteilen, wodurch die (religiösen) Urteilskompetenzen der SuS gefördert werden. Auf diesem Wege werden auch die Fähigkeiten der Lernenden zur Erschließung biblischer Texte gefördert.

2. Eine Begegnung, die trifft	
Zeitliche Struktur	2-3 Unterrichtsstunden (je 45 Minuten)
Thematische Strukturierung	Eine Begegnung, die trifft: Jesus und die Ehebrecherin (Joh 8,1-11) – Untersuchung der Bedeutung der Begegnung zwischen Jesus und der Ehebrecherin mittels Auseinandersetzung mit einem Gemälde (M2) und einem selbst verfassten Dialog.
Lernwege	Die Unterrichtseinheit verbindet bilddidaktische und bibeldidaktische Elemente, um den SuS einen erfahrungsorientierten Zugriff auf den Bibeltext zu ermöglichen. Mit Hilfe des Gemäldes werden die Lernenden dazu angeregt, in die Gefühlswelt der biblischen Erzählung einzutauchen und eigene Interpretationen zu leisten. Durch einen kreativen Schreibauftrag werden die Interpretationsansätze vertieft und die Begegnung von Jesus und der Ehebrecherin theologisch gedeutet. (Als alternatives Gemälde kann »Die Ehebrecherin« von Max Beckmann verwendet werden.)

Materialien	Projektion / Kopie des Gemäldes »Christus und die Ehebrecherin" M2 Arbeitsblätter mit Materialien und Arbeitsaufträgen.
Lernprogression/ Kompetenzerwerb	Ziel der Unterrichtseinheit ist es, die Bedeutung der Begegnung zwischen Jesus und der Ehebrecherin im Zusammenhang der Heilszusage Gottes zu beurteilen. Somit wird das bereits Gelernte um eine weitere Dimension erweitert: Während Bartimäus durch seine Blindheit und Lebenssituation als Ausgestoßener galt, wurde die Ehebrecherin aufgrund ihres Verstoßes gegen das Gesetz und die dadurch entstandene Schuld verurteilt. Neben den oben beschriebenen Kompetenzen werden zudem die Methodenkompetenzen zum Umgang mit religiös relevanten Bildern erweitert.

3. Eine lebensverändernde Begegnung	
Zeitliche Struktur	Eine Doppelstunde / 2 Schulstunden (je 45 Minuten)
Thematische Strukturierung	Eine lebensverändernde Begegnung: Beurteilung der Bedeutung und Auswirkungen der Begegnung zwischen Jesus und Zachäus (Lk 19,1-10) für das Leben des Zöllners auf der Grundlage eines dekonstruktiven Textarrangements.
Lernwege	Durch einen erfahrungsorientierten, an der Lebenswelt der SuS angelehnten Einstieg werden korrelative Ankerpunkte gesetzt. Die Auseinandersetzung mit der biblischen Erzählung erfolgt über eine veränderte Version des Textes, welche eine unerwartete Verhaltensweise Jesu schildert. In der Konfrontation mit der originalen Fassung der Erzählung werden die Lernenden zu einer Auseinandersetzung mit ihrer eigenen Erfahrungswelt und damit verbundenen Deutungsmustern angeregt.
Materialien	Kurze Einstiegsgeschichte nach eigenem Entwurf. Arbeitsblätter mit Textarrangement und Arbeitsaufträgen.
Lernprogression/ Kompetenzerwerb	Auch diese Unterrichtseinheit ergänzt das bereits erworbene Wissen der SuS um eine weitere Facette. Die Begegnung zwischen Jesus und Zachäus eignet sich besonders, um die lebensverändernde Kraft der Zuwendung Jesu zum Ausdruck zu bringen. Mit Zachäus werden die SuS mit einer Person konfrontiert, die auf den ersten Blick aufgrund ihrer Stellung und Funktion innerhalb der Gemeinschaft wenig vertrauensvoll erscheint. Somit unterscheidet sich diese Begegnung deutlich von den vorausgegangenen. Die Lernenden werden durch die Unterrichtseinheit dazu befähigt, dieses zu erläutern sowie die Auswirkungen der Begegnung zwischen Jesus und Zachäus zu beurteilen.

4. (Königliche) Begegnungen heute	
Zeitliche Struktur	Eine Doppelstunde / 2 Schulstunden (je 45 Minuten) 2-3 Unterrichtsstunden (je 45 Minuten)
Thematische Strukturierung	(Königliche) Begegnungen heute – Wer ist ein König für mich? Eine Auseinandersetzung mit den Königsskulpturen von R. Knoblauch mittels persönlicher und kooperativer Untersuchung und einem Gestaltungsauftrag zur Beurteilung der Botschaft Jesu für unsere heutige Zeit.
Lernwege	Die Königsskulpturen Knoblauchs bilden das Leitmaterial der Stunde, welche sich aus zwei Teilen zusammensetzt. Zuerst stehen die persönlichen Eindrücke der SuS im Mittelpunkt, welche im zweiten Teil durch einen Textimpuls hinterfragt und weiter gedeutet werden. Durch die Auseinandersetzung mit den eigenen Deutungsmustern in Konfrontation mit neuen Gedankenansätzen werden die Lernenden dazu angeregt, ihre vorherigen Deutungen aufzubrechen und neue Perspektiven für das tägliche Zusammenleben zu finden.
Materialien	Gegebenenfalls ausgeteilte Gedankenblasen, um im Einstieg eigene Gedanken zu formulieren. In Abhängigkeit der Gruppengröße verschiedene Königsskulpturen v. R. Knoblauch als Leihgabe oder Fotografie. Arbeitsblätter mit Arbeitsaufträgen und kurzer Texterläuterung zur Intention Knoblauchs auf der Grundlage der Homepage des Künstlers. Gegebenenfalls Materialien wie Stifte und Papier für die SuS, um eigene Bilder zu gestalten, sofern nicht digital gearbeitet wird.
Lernprogression/ Kompetenzerwerb	Die vorausgegangenen Unterrichtseinheiten werden nun auf eine andere Ebene geführt. Die Auseinandersetzung mit den Königsskulpturen führt die biblischen Begegnungserzählungen in die Alltagswelt der Lernenden. Durch die Untersuchung der Skulpturen werden die SuS angeregt, selbst nach Begegnungen in ihrem Umfeld Ausschau zu halten. Das Ziel der Stunde besteht in der Beurteilung der Aktualität und Bedeutung der Liebesbotschaft Jesu für unser menschliches Miteinander.

---

[1] Inspiriert sind diese von den Ausführungen des Religionspädagogen Ulrich Kropač. s. z.B. Kropač, Ulrich: Bibelarbeit als Dekonstruktion. Neue Perspektiven für das biblische Lernen, in: Katechetische Blätter 128 (2003), S. 369-374.

[2] Aus diesem Grund wurde die Sprache der Bibeltexte nach eigenem Entwurf so angepasst, dass die Sprache für eine heterogene Lerngruppe an Gesamtschulen kein Hindernis darstellt. Grundlage bilden die Einheitsübersetzung und die Bibel in leichter Sprache.

Kurzer didaktisch-methodischer Kommentar zu den Unterrichtseinheiten
Da die tabellarischen Erläuterungen zu den Unterrichtseinheiten der Sequenz bereits recht ausführlich ausgefallen sind, folgt hier nur noch ein kurzer didaktisch-methodischer Blick auf die Auseinandersetzung mit den Königsfiguren Knoblauchs. Das Hauptaugenmerk der Unterrichtseinheit besteht in der Frage nach der Würde eines jeden Menschen heute. Die Lernenden sollen über die Untersuchung der Königsskulpturen zu ihrer Erörterung angeregt werden und auf diese Weise auch die Bedeutung der Botschaft Jesu für die heutige Zeit beurteilen. Um dieses Ziel zu erreichen, setzt die Unterrichtseinheit vor allem auf Elemente des ästhetischen Lernens und einen Mix aus verschiedenen Sozialformen. Die Lernenden erhalten Raum, sich in Ruhe mit den Skulpturen und ihrer Wirkung zu beschäftigen sowie ihre Gedanken mit ihren Mitschülerinnen und -schülern auszutauschen. So steht im Herzen der Stunde die achtsame Wahrnehmung und Deutung der Königsskulpturen. Um die Arbeit mit den Königsfiguren praktisch umzusetzen, sollten die Lernenden an Gruppentischen sitzen, an denen idealerweise vier Lernende Platz haben. Auf diese Weise ist sowohl eine individuelle Auseinandersetzung mit den Königsskulpturen möglich als auch ein Wechsel in einen Zweier- sowie Gruppenaustausch. Die Königsfiguren werden in der Mitte der Gruppentische platziert. Die Lernenden werden dazu eingeladen, die Skulpturen intensiv wahrzunehmen: Sie sollen betrachtet und berührt werden; ihre Unebenheiten sollen ertastet sowie ihre Beschaffenheiten erfühlt werden. Die Untersuchung innerhalb kleiner Gruppen bietet sich besonders an, da sich die Lernenden ungestört und selbstständig mit den Königsfiguren beschäftigen dürfen. Die Lehrkraft sollte hier als Lernbegleiterin und Lernbegleiter fungieren, die beobachtet und bei Rückfragen unterstützend zur Verfügung steht. Alternativ ist auch der Einsatz von Fotografien denkbar, welche die Königsskulpturen aus verschiedenen Perspektiven zeigen. Auch wenn hier keine Berührungen stattfinden können, zeigt auch ein rein visuelles Arbeiten bereits große Effekte und führt zu spannenden persönlichen Deutungsansätzen. Anschließend werden diese ersten Deutungen mit ausreichend Zeit gemeinsam besprochen. Im zweiten Teil der Unterrichtseinheit setzen sich die Lernenden mit der Absicht des Künstlers in Form eines kurzen Textimpulses auseinander. Dieses ist besonders dann spannend, wenn die Lernenden zuvor eher irritiert oder gar abweisend auf die Königinnen und Könige reagierten. Die Lernenden werden durch die neue Perspektive auf die Skulpturen dazu angeregt, über die bestehenden Denkmuster nachzudenken und sie gegebenenfalls zu hinterfragen. Um die aufkommenden Überlegungen der SuS zu vertiefen, wird die Auseinandersetzung um einen eigenen Gestaltungsauftrag erweitert. Die Lernenden gehen kreativ auf die Suche nach Königinnen und Königen in ihrem eigenen Leben und erhalten Raum, dieser Suche in eigenen Bildern Ausdruck zu verleihen. Auch hier muss ausreichend Zeit für eine ausführliche Besprechung der Lernergebnisse vorhanden sein, um diese wertzuschätzen und die Überlegungen der Lernenden auf eine übergeordnete Transferebene zu bringen. Die Botschaft der Königinnen und Könige wird mit der Liebesbotschaft Christi verbunden, aus welcher gegebenenfalls Konsequenzen für das eigene Leben gezogen werden. So werden die Königsfiguren zu Brückenbauenden zwischen den biblischen Begegnungen Jesu und unseren Begegnungen heute. Sie tragen dazu bei, die große Kluft ein wenig überwindbarer zu gestalten.

Da steht er vor mir – der König.
Die golden glänzende Krone
zeigt die Königswürde.

Aber sonst …
Kein prächtiges Äußeres.
Keine machtvolle Geste.
Nichts, das Macht, Herrschaft und Reichtum
zum Ausdruck bringen würde.
Ein König? Eine Königin?

Im Gegenteil …
Das Holz ist rissig,
die Krone vom Kopf genommen,
die Augen geschlossen.
Der König wirkt gezeichnet,
verletzlich,
unvollkommen.

Und doch …
Mit seinem Lächeln im Gesicht,
den in sich gekehrten Augen
Strahlt der König eine große Ruhe aus.
Bescheiden, scheinbar machtlos –
Und doch in sich ruhend, aufrecht stehend –
Der eigenen Würde bewusst

Würde, Wertschätzung und Festlichkeit
Bringt auch das strahlend
weiße Gewand zum Ausdruck.
Erinnerung an das Taufkleid und
die im Sakrament ausgedrückte Zusage:
Du bist ein Königskind
Durch die unbedingte Liebe Gottes.

Diese Würde – geschenkt in der
Gottesebenbildlichkeit jedes Menschen –
ist unantastbar.
Sie lässt meinen König aufrecht stehen.
Selbst wenn die Krone unscheinbar
oder sogar abgelegt ist:
Du bist ein König
Durch die unbedingte Liebe Gottes.

Wenn ich über das alte, grobe,
ungeschliffene Eichenholz streiche,
spüre ich:
Diese Figur hat eine Geschichte,
da sind Spuren, Risse und
Verletzungen zurückgeblieben.
Ein König – und doch
zutiefst ein Mensch wie ich selbst.
Verletzlich, versehrt, mit Ecken und Kanten,
mit Spuren, die das Leben hinterlassen hat.
Unvollkommen?
Bei allen Stürmen des Lebens,
bei allem Scheitern und Versagen:
Der massive Sockel
lässt den König fest stehen
In der Zusage:
Du bist ein König
Durch die unbedingte Liebe Gottes.

Für diese Würde eines jeden Menschen,
auch und gerade da, wo sie gefährdet ist,
steht der König fest ein.

Auch mir selbst sagt der König zu:
Du bist ein König. Du bist eine Königin.
Du besitzt Würde
Durch die unbedingte Liebe Gottes.

Lass mich gestärkt
durch diese Zusage ins Leben gehen
Meiner eigenen
unantastbaren Würde bewusst,
als Königskind Gottes
die Krone in meinem Gegenüber entdecken.

Ute Lonny-Platzbecker

»So soll euer Licht vor den Menschen leuchten« (Mt 5,16)

Entwurf für einen Gottesdienst zum Thema Menschenwürde in der Sekundarstufe II (Einführungsphase)

Von Sophia Holzmann

Idee der Eucharistiefeier im Rahmen eines Unterrichtsvorhabens

Im Rahmen eines Unterrichtsvorhabens zur (christlichen) Anthropologie befassen sich die Schülerinnen und Schüer (SuS) der Einführungsphase eines Gymnasiums unter anderem mit lebensrelevanten Fragen wie „Was ist der Mensch? Was prägt unser Bild vom Menschen? Woher kommen wir? Was ist unsere Bestimmung? Wie gehe ich mit Fehlern um? Bin ich so richtig, wie ich bin?". Dabei werden theologische, soziologische, philosophische, biblische und künstlerische Texte und Materialien verwendet, um den SuS Optionen zur Beantwortung dieser Fragen eröffnen zu können und sie zur Deutung des christlichen Menschenbildes zu befähigen. Die Unterrichtsreihe schließt mit einem Schulgottesdienst ab, welcher als Idee im Folgenden dargestellt wird.

Der Schulgottesdienst zum Abschluss bietet eine besondere Möglichkeit für die SuS. Es entsteht ein Raum für Reflexion, der die Lernenden dazu einlädt, ihre Gedanken und Erfahrungen zu reflektieren und zu vertiefen. Diese intensive Auseinandersetzung mit sich selbst ist bei dem Thema der Unterrichtsreihe, besonders in den vorgestellten Sequenzen, von hoher Relevanz. Der Raum wird meditativ und ruhig gestaltet, um einen Ort der Besinnung und der inneren Einkehr zu schaffen. Der Gottesdienst als didaktisches Mittel im freiwilligen, unbenoteten Rahmen des Religionsunterrichts bietet zudem einen sinnlichen Zugang zu dem Thema Menschenwürde. SuS erleben den Gottesdienst nicht nur durch das Hören, sondern ganzheitlich auch durch Sehen, Riechen und Fühlen. So stehen die Königsskulpturen von Ralf Knoblauch, der Einsatz von Kerzen und meditativen Texten, die einen Bezug zum Thema herstellen, im Zentrum des Gottesdienstes.

Der Einsatz der Königsskulpturen von Ralf Knoblauch im Gottesdienst eignet sich aus verschiedenen Gründen besonders. Die Skulpturen bieten in erster Linie eine visuelle Darstellung der Würde des Menschen, die so für viele Menschen leicht zugänglich und verständlich ist. Die Würde des Menschen erscheint als unveräußerliches und unantastbares Gut und zeigt anhand der Skulpturen, dass jeder Mensch als einzigartiges und wertvolles Geschöpf Gottes betrachtet werden sollte. Die Skulpturen können daher dazu beitragen, das Bewusstsein und das Verständnis für die Bedeutung der Menschenwürde zu vertiefen, zumal der Begriff als abstrakt und schwer zu greifen charakterisiert werden kann. Des Weiteren können die Skulpturen den Gottesdienst auf eine sinnliche Ebene bringen und eine meditative Atmosphäre schaffen. Die SuS können sich auf die Skulpturen konzentrieren und ihre Gedanken und Gefühle im Zusammenhang mit dem Thema der Menschenwürde reflektieren. Dies kann dazu beitragen, dass die SuS das Thema der Menschenwürde auf eine tiefere und persönlichere Weise erfahren und sich mit ihm auseinandersetzen. So fördert der Gottesdienst das gemeinsame Erleben und bietet die Möglichkeit für die SuS, das Thema Menschsein gemeinsam zu erleben und sich trotz all ihrer Unterschiede auf gemeinsame Werte zu konzentrieren.

Thematik

Der Gottesdienst ist eingebettet in ein Unterrichtsvorhaben mit dem Thema „Der Mensch, ein Geschöpf Gottes?! – Identitätssuche und Gottbezogenheit", welches sowohl im Inhaltsfeld »Christliche Anthropologie« als auch »Verantwortliches Handeln aus christlicher Motivation« verortet werden kann. Die inhaltlichen Schwerpunkte sind der Mensch als Geschöpf und Ebenbild Gottes und die Charakteristika christlicher Ethik. Dabei sind zum einen die Sehnsucht nach einem gelingenden Leben und zum anderen die Frage nach dem ethisch richtigen Handeln – u.a. in der Auseinandersetzung mit christlichem Handeln in der Nachfolge Jesu – leitend für die Arbeit der SuS im Unterricht.

Der Gottesdienst steht am Ende der Unterrichtsreihe und ist gleichzeitig ein Lernprodukt der Unterrichtssequenz zu den Gegenständen Mensch als Geschöpf und Ebenbild Gottes, Mensch als Sünder und Menschenwürde. Die Königsskulpturen von Ralf Knoblauch repräsentieren im Gottesdienst die unveräußerliche Menschenwürde und bieten den SuS Identifikations- und Anknüpfungsmöglichkeiten. Dabei steht vor allem auch die eigene Reflexion im Vordergrund über die Frage, was das Leben gelingen lässt.

Angezielte Kompetenzen
Der Schulgottesdienst zum Thema Menschenwürde kann verschiedene Kompetenzen bei den SuS fördern:

In der Unterrichtssequenz, welche unter anderem als Vorbereitung auf den Gottesdienst gesehen werden kann, erweitern die SuS vorrangig ihre Sach-, Methoden- und Urteilskompetenz. Dabei „erläutern [sie beispielsweise] die mögliche Bedeutung christlicher Glaubensaussagen für die persönliche Suche nach Heil und Vollendung"[1] und „erläutern Aussagen und Anliegen der katholischen Kirche im Hinblick auf den besonderen Wert und die Würde menschlichen Lebens"[2]. Mit diesen erworbenen Sachkompetenzen können die SuS „die Bedeutung christlicher Perspektiven auf das Menschsein für die individuelle Lebensgestaltung [...] und das gesellschaftliche Leben [beurteilen]"[3] und „die Relevanz biblisch-christlicher Ethik für das individuelle Leben und die gesellschaftliche Praxis (Verantwortung und Engagement für die Achtung der Menschenwürde [...]) [erörtern]."[4]

Der Schulgottesdienst schult in erster Linie die Handlungskompetenz, denn es wird den SuS der Raum gegeben angemessen über Fragen nach Sinn und Transzendenz zu reflektieren und zu sprechen, indem sie z.B. Texte für den Gottesdienst formulieren. Durch meditative Angebote im Gottesdienst vollziehen die SuS eine für das Fach essentielle Perspektivenübernahme und erweitern dadurch ihre eigene Perspektive. Zudem bietet der Gottesdienst den SuS die Möglichkeit, biblische Texte, wie zum Beispiel das Evangelium oder Psalmen, in ihrem Kontext zu erleben und zu verstehen. Durch das gemeinsame Erleben und Reflektieren von biblischen Texten können die SuS ihre Fähigkeit verbessern, die biblischen Grundlagen des Christentums zu erkennen und zu verstehen sowie an religiöser Praxis teilzuhaben.

Die intensive Auseinandersetzung mit dem Thema Menschenwürde im Rahmen eines Gottesdienstes kann dazu beitragen, dass SuS sich mit ethischen Fragen und gesellschaftlichen Herausforderungen auseinandersetzen. Sie lernen, über die Bedeutung der Menschenwürde in verschiedenen Kontexten nachzudenken und können ihre eigene Meinung dazu entwickeln und vertreten. Im Sinne der Handlungskompetenz bietet der Gottesdienst als Form religiöser Praxis den SuS die Möglichkeit, sich mit verschiedenen Formen der Spiritualität auseinanderzusetzen. Sie lernen, wie man den Gottesdienst gestaltet, welche liturgischen Elemente darin enthalten sind und wie man sie anwendet.

Insgesamt kann ein Gottesdienst zum Thema Menschenwürde dazu beitragen, die Kompetenzen der SuS im Bereich der Bibelkunde, Ethik und Spiritualität zu fördern. Er bietet eine praktische und erfahrungsorientierte Möglichkeit, die Inhalte der Unterrichtsreihe zu vertiefen und zu reflektieren. Dabei wird auch die Selbst- und Sozialkompetenz der SuS gestärkt, da sie sich anlässlich des Gottesdienstes mit anderen austauschen und gemeinsam ihre Gedanken und Meinungen zum Thema der Menschenwürde reflektieren können.

Aufbau der Unterrichtsreihe

Zeitliche Struktur / 67 min	Thematische Strukturierung	Materialien	Lernprogression / Kompetenzerwerb
Sequenz 1: Erste Begriffsbestimmungen des Menschen (Kunst, Musik, Soziologie, Religion) und Reflexionen anhand verschiedener Medien/Materialien			
Sequenz 2: Die biblisch-christliche Vorstellung vom Menschen			
1	Der Mensch in der Schöpfungserzählung (Erarbeitung von Sachwissen)	Gen 1,1-2,4a	Sachkompetenz
2	Der Herrschaftsauftrag des Menschen (Verfassen eines Statements für den Schul-Twitter-Account im Rahmen einer fiktiven SV-Aktion)	Nach Zenger, Erich: Theologische Grundlagen: Gottes Schöpfung – Lebenshaus für alle. Die Güter der Erde gerecht teilen. Materialien zur Gestaltung des Schöpfungstages und der Schöpfungszeit, 2013, S.23-27	Sachkompetenz Urteilskompetenz Handlungskompetenz
3	Die Gottebenbildlichkeit des Menschen (Bewertung des eigenen Ichs)	Die Gottebenbildlichkeit des Menschen II, abgedruckt in: fragen.wissen.glauben, Ernst Klett Verlag, Stuttgart, 2014 Stuttmann, Klaus: Zum Karikaturstreit, Berlin	Sachkompetenz, Urteilskompetenz
4	Der Mensch in Beziehungen – das Verhältnis zwischen Mann und Frau (Sprechen und Reflektieren eigener Beziehungen im Leben)	Gen 2,18-23 Halbfas, Hubertus: Erläuterungen zu Gen 2,4b-23, in: Die Bibel, erschlossen und kommentiert, 6.Auflage, Osterfildern, 2010	Sachkompetenz Urteilskompetenz Methodenkompetenz
5	Der rücksichtslose Umgang des Menschen mit der Schöpfung (Bewertung eigener Verhaltensweisen im Alltag anhand eines kooperativ entwickelten Bewertungskataloges)	Absätze 20, 57, 60 aus Papst Franziskus: Enzyklika Laudato si, über die Sorge für das gemeinsame Haus, 2015	Sachkompetenz, Urteilskompetenz
6	Der rücksichtslose Umgang des Menschen mit der Schöpfung (Handlungsoptionen entwickeln und als Mitmachaktionen auf Instagram bzw. Fake-Instagram-Account veröffentlichen)	Kegler, Jürgen: Grunderfahrungen der Sünde, in: Glaube und Lernen, Theologie interdisziplinär und praktisch, 2.Ausgabe, 2005 https://generatestatus.com/generate-fake-instagram-post/	Methodenkompetenz, Urteilskompetenz, Handlungskompetenz

7	Der Begriff der Menschenwürde (Erarbeitung eigener Definitionen)	Schlag, Thomas; Suhner, Jasmine: Menschenwürde, in: Deutsche Bibelwissenschaft, Das wissenschaftlich-religionspädagogische Lexikon im Internet, 2021	Sachkompetenz
8	Pränataldiagnostik – Fluch oder Segen? (Plenumsdiskussion)	Hausotter, Andreas: Sexualität – Pränataldiagnostik (PND), Moralisch-ethische Konflikte – die Antworten der Weltreligionen, Die Positionen der katholischen und protestantischen Kirche, des Judentums und des Islams, S. 21-23, Auer Verlag, 2020	Methodenkompetenz, Urteilskompetenz
	Gottesdienst - „So soll euer Licht vor den Menschen leuchten." – Matthäus 5,16	siehe Gottesdienstablauf	Methodenkompetenz, Handlungskompetenz

Einzelstunde mit ausgewählten Materialien

Die Eucharistiefeier wird mit einem Lied und einer liturgischen Eröffnung begonnen. Im Anschluss wird eine Meditation von der Lehrkraft und mehreren SuS vorgetragen, in deren Fokus die Beschreibung und Deutung der Königsskulpturen von Ralf Knoblauch steht. Zur Visualisierung stehen ausgewählte Königsskulpturen vor dem Altar. Alternativ kann ein Video eingeblendet werden, welches die verschiedenen Skulpturen zeigt. Abweichend dazu kann auch nur die Lehrkraft alleine oder ein/e Schüler/in die Meditation vorlesen, jedoch werden durch die abwechselnden Stimmen die verschiedenen Königsskulpturen und die individuelle Würde der Menschen zum Ausdruck gebracht. Die Gottesdienstteilnehmerinnen und -teilnehmer werden in der Meditation eingeladen, über ihren eigenen Wert und ihre Menschenwürde nachzudenken. Die weiteren liturgischen Elemente sind thematisch angebunden und wurden von den SuS größtenteils eigenständig verfasst.

Der hier vorgestellte Ablauf sowie die Texte verstehen sich als Angebot, das auf die Lerngruppe jeweils zugeschnitten und wo möglich von den SuS individuell selbst gestaltet und gefüllt werden sollte.

---

[1] Ministerium für Schule und Weiterbildung (2014): Kernlehrplan für die Sekundarstufe II Katholische Religionslehre. Gymnasium in Nordrhein-Westfalen, Bd. 4728. Online verfügbar unter https://www.schulentwicklung.nrw.de/lehrplaene/lehrplan/33/KLP_GOSt_Religionslehre_ka.pdf, S. 25. Vergleichbare Kompetenzerwartungen finden sich in den KLP anderer Bundesländer.

[2] Ebd., S. 29.

[3] Ebd., S. 34.

[4] Ebd., S. 38.

Auch Du

Auch du ein König

Auch du eine Königin

Trag deine Krone mit Würde

Verinnerliche deine Besonderheiten

Finde deinen Platz – den einmaligen – nur für dich

Lächle dem Leben zu

Setze neu deine Krone auf

Auch du eine Königin

Auch du ein König

Egbert Schlotmann
Pfarrer von St. Willehad, Wangerooge

Selbstoptimierung versus Recht auf Unvollkommenheit
Eine Unterrichtssequenz zur Anthropologie in der Sekundarstufe II (Einführungsphase)

Von Helena Grote und Ute Lonny-Platzbecker

Unterrichtsidee
In dieser Unterrichtsreihe zur Frage nach gegenwärtig populären Selbstoptimierungstrends und ihren religiösen Implikationen, die für Schülerinnen und Schüler (SuS) ab einem Alter von 15 Jahren konzipiert ist, wird das den verschiedenen Selbstoptimierungstrends zugrundeliegende Bild vom Menschen dem christlichen Verständnis des Menschen als Ebenbild Gottes und seinen Implikationen gegenübergestellt. Vielfältige Selbstoptimierungstrends in der säkularen Gesellschaft, sei es in Bezug auf sportliche Leistungen, Leistungsfähigkeit in Schule und Beruf, Gesundheit, Ernährung, Biohacking, aber auch zunehmende transhumanistische Visionen auf der Basis von Selbstoptimierung durch KI, prägen bereits unsere und damit auch die Lebenswelt der SuS. In der ersten Unterrichtssequenz erarbeiten die SuS stellvertretend einige dieser Trends und untersuchen sie hinsichtlich ihrer religiösen Implikationen (ggf. vor dem Hintergrund der Funktionen von Religion nach dem Religionssoziologen Franz-Xaver Kaufmann). In einer anschließenden Sequenz soll nun zunächst das Menschenbild des jüdisch-christlichen Glaubens durch performative Zugänge möglichst ganzheitlich und individuell erarbeitet werden. Zentrales Element dieser Sequenz ist daher der ästhetische Zugang über die Königsfiguren von Ralf Knoblauch. Dieser kann über Fotos erfolgen, ist aber vorzugsweise mit originalen Königsfiguren von Ralf Knoblauch zu gestalten, die nach den Prinzipien des ästhetischen Lernens in ihren Grundaussagen erschlossen werden. Ziel dieser Sequenz soll es sein, die »Glaubenssätze«, die den Selbstoptimierungstrends zugrundeliegenden, mit den Grundaussagen des biblischen Menschenbildes zu konfrontieren und dabei Gemeinsamkeiten und Unterschiede herauszuarbeiten. Inwiefern gibt es einen Widerspruch zwischen den Aussagen? Bedeutsam ist insbesondere, dass dem Menschsein im christlich-jüdischen Menschenbild der Modus des Angenommenseins zugrunde liegt. »Adam« ist qua Menschsein Abbild Gottes, von diesem bedingungslos bejaht und mit Würde, aber auch Verantwortung ausgestattet. Demgegenüber setzen die Selbstoptimierungstrends nicht selten Bedingungen für die Anerkennung der Person, etwa: »Ich bin gut, wenn ich leistungsstark bin!« Die bedingungslose Anerkennung des Menschen im christlichen Glauben kann jedoch die Bereitschaft und Freude an der Erbringung von Leistung – ohne krankmachenden Druck – freisetzen. Insofern schließen Leistungsbereitschaft, die Freude am eigenen Körper und dessen Pflege und Optimierung durch Training und christliche Glaubenshaltung einander nicht aus. Insofern wird der Gedanke der Selbstoptimierung in christlicher Perspektive sowohl biblisch als auch durch ein Interview ebenfalls in dieser Sequenz erörtert. Es soll insbesondere darum gehen, Schnittmengen zwischen den erarbeiteten Aussagen zu identifizieren bzw. ggf. »Glaubenssätze« der Selbstoptimierungstrends so umzuformulieren, dass sie dem christlichen Menschenbild nicht (mehr) widersprechen. So wird eine Schwarz-Weiß-Betrachtung vermieden, das christliche Menschenbild kann aber dennoch wichtige Kriterien zur kritischen Bewertung der Selbstoptimierungstrends beisteuern.

Thematik
Die hier vorgestellte Unterrichtsreihe zum Thema »Selbstoptimierung versus Recht auf Unvollkommenheit« ist im curricularen Inhaltsfeld »Der Mensch in christlicher Perspektive« verortet. Inhaltliche Schwerpunkte liegen in der ersten Sequenz bei der Auseinandersetzung mit Religiosität in der pluralen Gesellschaft, werden doch die quasireligiösen Implikationen moderner Selbstoptimierungstrends entschlüsselt, sowie in der zweiten Sequenz beim Erschließen der christlichen Perspektive vom Menschen als Geschöpf und Ebenbild Gottes.

Angezielte Kompetenzen

Auf der Ebene der Sachkompetenz erläutern die SuS Charakteristika des biblisch-christlichen Menschenbildes und grenzen es von kontrastierenden Bildern vom Menschen ab. Auf der Ebene der Urteilskompetenz erörtern sie Konsequenzen, die sich aus der jeweiligen Vorstellung vom Menschen ergeben. So problematisieren sie etwa die Tendenz zur Selbstoptimierung vor dem Hintergrund einer leistungsorientierten, perfektionistischen Sicht des Menschen gegenüber der im christlichen Menschenbild implizierten Erlösungsbedürftigkeit des unbedingt geliebten und würdigen Menschen als Ebenbild Gottes. Bedeutsam ist, dass nach christlicher Auffassung diese unbedingte Würde allen Menschen unabhängig von ihrem persönlichen Glauben zugesprochen ist. Indem die SuS auf der Ebene der Methodenkompetenz die Königsfiguren als künstlerische Objekte beschreiben und die mit ihnen intendierte Wirkung erörtern, können sie auf der Ebene der Handlungskompetenz Impulse für ein der unbedingten Menschenwürde entsprechendes Denken und Handeln erfahren und ggf. umsetzen.

Aufbau der Unterrichtssequenz

Zeitl. Struktur	Thematische Strukturierung	Lernwege	Materialien	Lernprogression / Kompetenzerwerb
Sequenz 1: Selbstoptimierungstrends und ihre religiösen Implikationen				
1. UE	erste Begegnung mit verschiedenen Formen der Selbstoptimierung; Austausch und erste Reflexion über Entscheidungskriterien (möglicherweise kann am Ende der Sequenz auf diese Eingangsbeispiele zurückgeblickt und ggf. eine Lernprogression sichtbar gemacht werden)	Like (grün) / Dislike- (rot) Positionierung mit Farbkarten UG	Rote und grüne Karte für alle SuS M 1	Aktivierung der Lerngruppe; Erheben der Lernausgangslage; erste Identifikation von Formen der Selbstoptimierung
2. UE (mind. Doppelstunde)	Exemplarische Selbstoptimierungstrends und ihre Implikationen zum gelingenden Leben	Arbeitsteilige Gruppenarbeit; Präsentation; UG	M2.1-4; digitale Endgeräte; u.U. vergrößert ausgedruckte Sprechblasen	Analyse exemplarischer Selbstoptimierungstrends hinsichtlich ihres zugrundeliegenden Menschenbilds; Erörterung und Sicherung von Grundaussagen zum Menschenbild hinter den Selbstoptimierungstrends
3. UE (Einzelstunde)	Chancen, Grenzen und Gefahren der Selbstoptimierungstrends	Bildimpulse; UG	M 3	Erste differenzierte Stellungnahme; Festhalten erster Argumente

	Exkurs: Religiöse Implikationen der Selbstoptimierungstrends untersuchen anhand der Zuordnung zu den Funktionen von Religion nach Franz Xaver Kaufmann			M 4, M 5	

Sequenz 2: Das jüdisch-christliche Menschenbild und seine Implikationen – eine Annäherung über die Königsfiguren von Ralf Knoblauch

1. UE	Einstieg über einen performativen Zugang zu den Königsfiguren Alternativer Zugang M 8-10, evtl. Video des Interviews mit R. Knoblauch	Meditation; UG	Königsfiguren (alternativ Fotos); M 6, M 7	Ästhetischer Zugang zu Grundaussagen des christlichen Menschenbildes über die Königsfiguren von Ralf Knoblauch.
2. UE	Biblischer Impuls Gen 1	Textarbeit; UG	M 11	Die SuS erarbeiten exemplarisch eine biblische Grundlage für die Vorstellung der Gottesebenbildlichkeit und erörtern die Herausforderungen dieses Menschenbildes.
3. UE	Erarbeitung des biblischen Herrschaftsauftrags: der Mensch als Königsherrscher in Verantwortung	Textarbeit; Th-P-Sh	M 12-14	Die SuS erarbeiten und vertiefen anhand von Sachtexten zum biblischen Herrschaftsauftrag die Vorstellung vom Menschen als Ebenbild Gottes.
4. UE	Vertiefung durch Erarbeitung der Grundaussagen des christlichen Menschenbildes und Konfrontation mit dem Menschenbild der Selbstoptimierungstrends	Erstellen von Sprechblasen; UG	M 15	Die SuS formulieren die Grundaussagen des biblischen Menschenbildes als Zusagen an den Menschen und setzen diese kritisch in Beziehung zum Menschenbild der Selbstoptimierungstrends.
5. UE	Christliche Selbstoptimierung? – Auseinandersetzung mit dem Gleichnis von den Talenten Mt 25, 14-30	Texterarbeitung	M 16 M 16a	Anhand des Gleichnisses erkennen die SuS, dass auch dem Christentum ein gewisser Leistungsgedanke nicht fremd ist, solange Leistung nicht zur Bedingung der Anerkennung gemacht wird.

6. UE	Selbstoptimierung aus christlicher Perspektive – Auseinandersetzung mit Ausführungen des Theologen Friedrich Wilhelm Graf	Textarbeit in EA; UG	M 17; Sprechblasen aus Sequenz 1 u. 2	Die SuS beurteilen angesichts der bedingungslos zugesagten menschlichen Würde als Korrektiv positive, aber auch negative Implikationen gegenwärtiger Selbstoptimierungstrends.

Einzelstunden mit ausgewählten Materialien

Sequenz 1:
1. Like or Dislike: Zum Einstieg in die Sequenz werden die SuS zu einer spontanen Positionierung mittels Abstimmungskarten zu ausgewählten und an die Lerngruppe angepassten Beispielen aus M1 aufgefordert. Auf diese Weise werden sie spielerisch zu einer ersten Auseinandersetzung mit der Thematik motiviert, diskutieren die vielfältigen Formen der Selbstoptimierung und bestimmen erste Pro- und Kontra-Argumente zur Teilnahme an solchen Selbstoptimierungstendenzen. Diese Stunde dient u.a. zur Erhebung der Lernausgangslage.
2. In arbeitsteiliger Gruppenarbeit erarbeiten die SuS in der folgenden Unterrichtseinheit, die abhängig von der Lerngruppe 1-2 Doppelstunden umfasst, verschiedene Formen von Selbstoptimierungstrends. Der Lebenswelt der SuS sind dabei Fitnesstrend und Neuroenhancement sowie die Selbstoptimierung in der Darstellung in Social Media am nächsten, aber auch die Auseinandersetzung mit Human Enhancement am Beispiel künstlicher Hilfsmittel wie Prothesen oder Cochlea-Implantat ist aufgrund der mit ihnen verbundenen Entscheidungs-Dilemmata und ihrer Ambivalenz motivierend. In der Gruppenarbeit müssen nicht alle SuS jedes Material bearbeiten. Die Materialien haben unterschiedliche Schwierigkeitsstufen und sollten entsprechend ausgewählt werden. Die SuS tragen Informationen aus dem jeweils von ihnen erarbeiteten Material zum Ergebnis der Gruppe bei und bearbeiten gemeinsam Aufgabe 2 von M 2. Je nach Arbeitsweise kann mit vergrößert ausgedruckten Sprechblasen oder einem digitalen Tool (z.B. flinga.fi) zur Sammlung der Ergebnisse gearbeitet werden. Exemplarisch seien folgende mögliche SuS-Ergebnisse genannt: »Anerkennung bekomme ich, wenn ich einen muskulösen Körperbau habe!«, »Mein Leben gelingt, wenn ich Erfolg habe!«, »Ich bin gut, wenn ich meinen Trainings- und Ernährungsplan einhalte!«, »Erfolgreich bin ich, wenn ich gute Leistungen bringe!«, »Ich bin gut, wenn ich mit den anderen mithalten kann!«, …
3. Eine vertiefende Problematisierung erhält das Thema durch Bildimpulse (vgl. M 3), die die SuS anregen zu differenzieren, welche positiven Aspekte die Selbstoptimierungstrends haben können (etwa: Förderung von Gesundheit und sozialer Teilhabe; Steigerung der Leistungsfähigkeit; Entfalten von Talenten …), welche Grenzen und Gefahren (etwa: Ausschluss bestimmter Personengruppen wie Alter oder Behinderter; Leistungsdruck; gesundheitliche Gefährdung; Verlust von Individualität …) aber auch mit ihnen verbunden sind. Die Ergebnisse des Unterrichtsgesprächs können tabellarisch festgehalten und ggf. in kurzen individuellen schriftlichen Stellungnahmen – ggf. mit Bezug auf einzelne Fotos – vertieft werden.

Mögliches Tafelbild:

Die Möglichkeiten und Grenzen von Selbstoptimierungstrends	
Möglichkeiten	**Grenzen / Gefahren**
Selbstoptimierung kann…	
… den Fokus auf ausgewählte Bereiche legen und darin Verbesserungen und Entfaltung von Talenten erzielen. … die Identitätsfindung und -herausbildung unterstützen. … Struktur und Halt geben. … die Selbstwahrnehmung schärfen. … Beziehungen zu anderen intensivieren und neue Freundschaften entstehen lassen. … die physische sowie psychische Gesundheit positiv beeinflussen.	… Schwächen und Defizite manifestieren. … den Blick auf die Wirklichkeit verengen. … die physische sowie psychische Gesundheit negativ beeinflussen. … Menschen(-gruppen) diskriminieren und exkludieren. … die eigene Lebensgestaltung einschränken. … die eigene Persönlichkeit verändern. … den Menschen nicht zu einer »Maschine« umfunktionieren.

Exkurs: Um die quasi-religiösen Funktionen und Implikationen der Selbstoptimierungstrends vertieft zu erarbeiten, kann eine Analyse nach den Funktionen von Franz Xaver Kaufmann erfolgen (vgl. M 4, M 5), die ggf. bereits in einer vorangegangenen Sequenz zu Religion eingeführt wurden. Einerseits wird diese Analyse die Selbstoptimierung als eine Form der Ersatzreligion erfassen helfen, deren Aussagen zum gelingenden Leben beinahe den Rang von »Glaubenssätzen« einnehmen, andererseits muss aber auch problematisiert werden, inwiefern die von Kaufmann beschriebenen Funktionen überhaupt ausreichen, um Religion zu definieren.

Sequenz 2:
1. Hinführung: Zunächst sollten die SuS über das Vorhaben eines meditativen Zugangs informiert werden. Die Teilnahme basiert auf Freiwilligkeit, daher sollten Alternativen (M 8-10) angeboten und »Ausstiegsmöglichkeiten« geklärt werden.
   Die Königsfigur/en als Leihgabe oder in Form von Bildern werden im Raum präsentiert. In einer ersten Phase der stillen, spontanen Begegnung bewegen die SuS sich im Raum, betrachten und berühren ggf. die Figuren. Im Hintergrund kann meditative Musik eingespielt werden. Nach einigen Minuten werden die SuS aufgefordert, sich zu der Figur zu setzen, die sie gerade am meisten anspricht. Sie sollen und dürfen diese weiterhin betrachten und berühren. Die Lehrperson trägt eine Meditation (M 6) zu den Königsfiguren vor.
   In einer anschließenden Phase der Stille können die SuS ihre persönlichen Eindrücke ggf. über einen Selbstreflexionsbogen festhalten (M 7), alternativ kann nach der Meditation im Unterrichtsgespräch ein Austausch mit Reflexion über das Erleben der Methode und ersten Assoziationen im Hinblick auf die Bedeutung der Königsfiguren anschließen.

2. Um exemplarisch den biblischen Hintergrund für das jüdisch-christliche Menschenbild kennenzulernen, bearbeiten die SuS M 11 mit folgender Aufgabenstellung:
   1. Markieren Sie in dem biblischen Text Aussagen über den Menschen und seine Beziehung zu Gott! Fassen Sie Ihren ersten Eindruck vom biblischen Menschenbild mit eigenen Worten zusammen.

2. Formulieren Sie Anfragen an dieses Menschenbild! Überlegen Sie auch mit Blick auf die Fotos, inwiefern die Überzeugung, dass jeder Mensch ein Abbild Gottes ist, eine Herausforderung sein kann!
Im Unterrichtsgespräch können die wesentlichen Merkmale (von Gott aus unbedingter Liebe als Mensch (Mann und Frau) erschaffen; Herrschaftsauftrag; Gottesebenbildlichkeit) hervorgehoben werden, aber auch angesichts von Behinderung, Gewalt, Gebrechlichkeit und Verwahrlosung (s. Fotos) die Herausforderung eines solchen Menschenbildes erörtert werden.

3. Anhand von M12, M13, M14 (M14 liegt binnendifferenziert in 2 Versionen vor), die in arbeitsteiliger Partnerarbeit nach der Think-Pare-Share-Methode erarbeitet werden, vertiefen die SuS ihre Kenntnisse des christlich-jüdischen Menschenbildes und verbinden diese mit dem Motiv des Königsherrschers

4. Parallel zur Erarbeitung von Grundaussagen bzw. »Glaubenssätzen« der Selbstoptimierungstrends formulieren die SuS die Kernaussagen des biblischen Menschenbildes als Zusagen an den Menschen und präsentieren diese als Sprechblasen (M 15 groß kopiert) rund um die Königsskulpturen. (Alternativ kann auch ein digitales Tool wie flinga.fi zur Sammlung genutzt werden.)
Beide Sammlungen von Grundaussagen werden nun erstmals miteinander verglichen auch mit Blick auf die in ihnen enthaltenen Konsequenzen: Gibt es Schnittmengen? Welche Aussagen stehen im Widerspruch zueinander? Welche entsprechen einander? Welche Aussagen können als positiv und stärkend, welche eher als negativ und bedrückend gedeutet werden? Welche Aussagen finden Zustimmung, welche eher Ablehnung in der Lerngruppe?
… Bereits an dieser Stelle sollte als wesentlicher Unterschied die bedingungslos zugesagte Königswürde des Menschen als Ebenbild Gottes verdeutlicht werden.

5. Ziel der letzten Unterrichtseinheiten sollte es sein, Selbstoptimierung auch aus christlicher Perspektive stark zu machen: Selbstoptimierung ist auch ein christlicher Gedanke, jedoch auf dem Fundament der unbedingten, liebenden Anerkennung, die jedem Menschen als Abbild Gottes zugesagt ist. Dies verdeutlicht die Erarbeitung von Mt 25,14-30 mit Hilfe der Impulskarten (M 16.1) sowie abschließend die Auseinandersetzung mit dem Theologen Friedrich Wilhelm Graf (M 17).
Hierbei sollen sowohl die Grenzen von Selbstoptimierungstrends betont als auch deren Möglichkeiten untermauert werden und das aus christlicher Perspektive begründet werden. Möglicherweise können die SuS einzelne Grundaussagen der Selbstoptimierungstrends so umformulieren, dass sie der auch durch die Königsfiguren repräsentierten unbedingten menschlichen Würde nicht mehr widersprechen.
Hierbei kann es optional auch nochmals lohnen, auf Franz Xaver Kaufmann zurückzugreifen, um zu klären oder in Erinnerung zu rufen, inwiefern die Überzeugungen von Selbstoptimierungstrends den Charakter einer Ersatzreligion erfüllen.
Eine Rückschau auf die Entscheidungsfragen vom Beginn der Sequenz (Auswahl aus M 1) kann die Lernprogression verdeutlichen: Hat sich die Entscheidung verändert oder ist sie gleich geblieben? Sind die Begründungen dieselben oder sind sie differenzierter und fundierter?

Guter Gott, Mitleidender am Kreuz.
Wir denken an die Menschen, deren Würde verletzt wird durch
Gewalt, Mobbing, Ausgrenzung, Ausbeutung und Missbrauch.
Die königliche Würde jedes Menschen ist unveräußerlich!

Guter Gott, Retter und Vollender.
Wir denken an unsere eigene, unbedingte königliche Würde,
mit der du uns beschenkt hast. Wir suchen Wege,
diese Würde an uns und anderen sichtbar werden zu lassen.
Die königliche Würde jedes Menschen ist unbedingt.

Guter und barmherziger Gott,
Wir bitten dich um Frieden für die Welt und zwischen den
Menschen. Wir bitten dich um Bewahrung der Schöpfung.
Wir bitten dich um deinen Segen, um als deine Königskinder
Segen in die Welt bringen zu können.

Ute Lonny-Platzbecker

Jesus Christus – der wahre verheißene König?!
Eine Unterrichtssequenz in der Sekundarstufe II (Qualifikationsphase)

Von Anna-Lisa Lukannek

Unterrichtsidee
Königsfamilien üben eine große Faszination auf Menschen aus. Dies hat nicht nur der Tod der Queen gezeigt. Auch Netflix-Serien, die sich mit royalen Familien befassen wie z.B. The Crown, Downton Abbey oder Bridgerton feiern große Erfolge. Könige und Königinnen spielen auch in vielen (Kinder-)Märchen eine Rolle und sind für viele Kinder lange Zeit ein großes Vorbild.

Dahinter stehen (auch) Fragen nach Macht bzw. deren Verteilung sowie das Gefühl von Vollmacht und Ohnmacht. Gerade dieses Ohnmachts-Gefühl ist den Jugendlichen nicht fremd, sei es in Fragen über die eigene Zukunft oder den Sorgen bezüglich der Klimapolitik, immer verbunden mit dem Gefühl der Machtlosigkeit und dem Wunsch, mehr bewirken zu können.

Die Idee zu dieser Unterrichtssequenz schließt genau an diese Gedanken an und möchte der Christologie einen neuen Zugang ermöglichen. Möglicherweise ist der Bezug zu Königsfamilien oder Netflix-Serien auf den ersten Blick befremdlich. Vielleicht kann aber gerade dieser fremde und neue Blick den Schülerinnen und Schülern (SuS), denen christliche Glaubensinhalte häufig fremd sind, helfen, sich auf die Themen des Unterrichts einzulassen.

Die Königsskulpturen von Ralf Knoblauch sind dabei nicht nur deutliches Erkennungszeichen dieses neuen Zugangs, sondern werden auch als Unterrichtsgegenstand gebraucht. So kann eine Königsskulptur die SuS vor die Frage nach dem »wahren« König stellen und Bezugspunkte zu unterschiedlichen weiteren Inhalten erschließen. Sie sind wichtige Ankerpunkte, um auf die erlernten Inhalte und eigenen Vorstellungen zurückgreifen zu können.

Zur theologischen und religionspädagogischen Bedeutsamkeit
Mit der Reich-Gottes-Verkündigung durch Tat und Wort sowie der Beschäftigung mit Tod und Auferstehung nimmt die Christologie im Religionsunterricht der Qualifikationsphase einen großen Stellenwert ein. Für die SuS kein wirklich neues Thema, denn auch in der Sekundarstufe I ist Jesus Christus schon Unterrichtsgegenstand. Und doch ist das Thema theologisch bedeutsam im Unterricht der Oberstufe. Während zuvor zwar Gleichnisse und Wundertaten behandelt und besprochen wurden, ist es nun Auftrag, diese in Bezug auf die Reich-Gottes-Botschaft neu zu deuten. Ebenso wird dem Thema Tod und Auferstehung Jesu vor dem Hintergrund seiner Botschaft vom Reich Gottes ein neuer Blickwinkel ermöglicht. Aus der vormals überwiegenden impliziten Christologie kann nun eine explizite Christologie werden. Den Lernenden ist es nun möglich trotz ihrer (historischen) Distanz zur Person Jesu und vielfachen Ablehnung, die christologischen Konzepte, die hinter Tod und Auferstehung sowie der Botschaft Jesu stehen, zu reflektieren. Dabei bringen sie eigene Konzepte mit und setzen sie mit den bereitgestellten in Beziehung. Die zur Verfügung gestellte Unterrichtseinheit möchte hierfür einen neuen Zugang präsentieren, welcher mit dem Bild des »Königs« spielt und dieses als roten Faden für die Unterrichtsreihe nutzt. Das Königtum kann damit zur christologischen Leitfrage der Unterrichtsreihe werden. Dahinter steht auch die Motivation, dass die SuS befähigt werden sollen, selbst zu theologisieren und sich mit der Frage auseinanderzusetzen, um nicht nur sachkundlich über Jesus Christus und seine Botschaft zu sprechen.

Das Königtum hat dabei ebenfalls eine theologische Relevanz. Bereits im Alten Testament begegnet man dem Königsmotiv vielfach verbunden mit den Messiaserwartungen. Der Höhepunkt findet sich bei der Erzählung von König David, der in den synoptischen Evangelien als Vorbild und Vorreiter für Jesus Christus dient. Der Vergleich bzw. der direkte Bezug zu König David kann ebenfalls als neu und gewinnbringend eingebracht werden. Hierdurch wird auch der Bezug zwischen Altem und Neuem Testament deutlich. Die im Alten Testament entwickelten Messiaserwartungen können so ganz konkret auf Jesus Christus bezogen werden. Die SuS können selbst reflektieren und beurteilen, inwiefern von Jesus Christus als dem Messias, dem König, gesprochen werden kann.

Ferner spielt das Königtum bei der Rede von der Königsherrschaft Gottes eine große Rolle. Aus diesem Grund sollte auch die Anknüpfung an die Reich-Gottes-Botschaft erfolgen und das Thema in Verbindung stehen mit der Frage nach Tod und Auferstehung Jesu. Vor allem in Bezug auf sein Leben und Wirken kann Jesus als König betrachtet werden und die SuS können sein »royales Handeln« untersuchen. Spannend kann die Diskussion mit den SuS werden, inwiefern Jesu König-Dasein österlich geprägt ist und von uns heute durch die nachösterliche Brille gelesen wird. Auch hier findet dann explizite Christologie statt. Ebenso sollte die eschatologische Perspektive nicht vernachlässigt werden, vor allem wenn man von Joh 18 ausgeht »Mein Königtum ist nicht von dieser Welt«.

Während der Glaube an Jesus Christus für Jugendliche zunehmend bedeutungsloser wird, kann der Zugang über die Rede vom König Christus provozieren und die SuS aktivieren, sich mit dem Thema beschäftigen zu wollen. Sich selbst in die Rolle einer Theologin oder eines Theologen zu versetzen, kann ebenfalls motivierend wirken, da die Gedanken der SuS entscheidend sind für den Verlauf und sie dadurch Selbstwirksamkeit erleben.

Thematik

Die dargestellte Unterrichtssequenz ist anschlussfähig an die Thematisierung der Verkündigung Jesu in Tat und Wort sowie die Auseinandersetzung mit Jesu Tod und Auferstehung, wie sie in der gymnasialen Oberstufe (Q1 oder Q2) behandelt werden. Der tabellarische Aufbau der Unterrichtssequenz skizziert diese Anknüpfungspunkte. Die dargestellte Unterrichtssequenz ist verankert in den Inhaltsfeldern »Das Zeugnis vom Zuspruch und Anspruch Jesu Christi", »Verantwortliches Handeln aus christlicher Motivation" sowie »Christliche Hoffnung auf Vollendung"[1].

Insbesondere die inhaltlichen Schwerpunkte »Biblisches Reden von Gott«, »Reich-Gottes-Verkündigung Jesu in Tat und Wort« sowie »Christliches Handeln in der Nachfolge Jesu« werden durch die dargestellte Sequenz behandelt. Alternativ bietet auch die Eschatologie Anschlussmöglichkeiten für die Thematik »Christus König«. Diese können im Rahmen dieses Beitrags allerdings nicht weiterverfolgt werden.

Angezielte Kompetenzen
Die Unterrichtssequenz verfolgt schwerpunktmäßig die folgenden Kompetenzen:
Die Schülerinnen und Schüler…

- … erläutern grundlegende Inhalte des Glaubens an den sich in der Geschichte Israels und in Jesus Christus offenbarenden Gott, die auf Jesus Christus gegründete Kirche und die christliche Hoffnung auf Vollendung, indem sie sich mit dem Königtum im Alten Israel, dem Königtum Davids im konkreten sowie dem Königtum Jesu Christi auseinandersetzen und diese aufeinander beziehen.
- … deuten Glaubensaussagen unter Berücksichtigung des historischen Kontextes ihrer Entstehung und ihrer Wirkungsgeschichte, indem sie bei der Beurteilung des Königtums auch auf die Zeit und Umwelt des Alten Israels achten und dies miteinbeziehen sowie einen historischen Wahrheitsgehalt von einem symbolischen unterscheiden lernen.
- …stellen den Zusammenhang von Tat und Wort in der Verkündigung Jesu vor dem Hintergrund der Frage, ob sein Handeln ein »royales« ist und einem König vor Gott entspricht, dar.
- erörtern, ob und wie sich die katholische Kirche in ihrer konkreten Praxis am Anspruch der Reich-Gottes-Botschaft Jesu orientiert, indem sie sich mit Projekten der katholischen Kirche auseinandersetzen und / oder selbst entsprechende entwerfen, die der königlichen Verantwortung aller Christinnen und Christen entsprechen.
- … erörtern die Relevanz des christlichen Glaubens an Jesus Christus, einem König für die Menschen / für Menschen heute.

Aufbau der Unterrichtssequenzen

1. Jesus von Nazareth - Wahrer Mensch. Auseinandersetzung mit dem historischen Jesus.
2. Jesus Christus – Wahrer Mensch. Vergleichende Auseinandersetzung mit dem Leben, Handeln und Sterben Jesu mithilfe von biblischen und außerbiblischen Quellen.
3. Die Auseinandersetzung mit der Königsherrschaft Gottes (Reich Gottes) durch die Verkündigung Jesu in Tat und Wort.
4. Jesus Christus – Wahrer Gott. Auseinandersetzung mit Tod und Auferstehung Jesu Christi.
5. Jesus Christus – Wahrer König? Auseinandersetzung mit dem Königtum Jesu Christi vor dem Hintergrund der Bedeutung des Königtums im Alten Testament und der Verkündigung des Reiches Gottes durch Jesu Handeln
6. Volk Gottes: The Royal Family oder Arbeiter im Weinberg? Die Königswürde aller Menschen als Zugang zum Reich Gottes?

Unterrichtssequenz 5

45 min	Thematische Strukturierung	Lernwege	Materialien	Lernprogression / Kompetenzerwerb
1	Wahrer Mensch. Wahrer Gott. – Aber auch wahrer König? Auseinandersetzung mit den eigenen Vorstellungen vom Königtum	Bildbetrachtung Concept Map Textauszüge EA/PA Plenum	M1-4	Ausgehend von einer vergleichenden Bildbetrachtung entwickeln die SuS eigene Vorstellungen vom Königtum in einer ConceptMap und beziehen diese auf die Frage, ob Jesus Christus auch ein wahrer König ist.
2	Wahrer König? – Erarbeitung der Vorstellungen eines Königtums zur Zeit des Alten Testaments und Bezug zu den Messiaserwartungen im Judentum	Textarbeit Arbeitsteilige Gruppenarbeit	M5-8	Indem die SuS arbeitsteilig einen Sachtext und bibl. Textstellen untersuchen, erarbeiten sie die Vorstellungen eines Königtums zur Zeit des Alten Testaments und vergleichen diese mit den Messiaserwartungen im Judentum.
3-7	DER wahre König: König David – Auseinandersetzung mit der Figur des Königs David und seiner Bedeutung für die Vorstellungen des wahren Königtums durch die Erstellung eines StoryBoards/ Films zum Thema »Wie wurde er zum König? – ein König kommentiert« mit den Königsfiguren von Ralf Knoblauch	Bildbetrachtung Bibl. Textauszüge Entwurf eines Podcasts/ Films T-P-S-Methode	M9-17	Indem die SuS mit Hilfe unterschiedlicher Auszüge biblischer Texte einen Podcast erstellen und die Königsfiguren hierfür nutzen, erarbeiten sie die Bedeutung des Königs David für die Vorstellungen eines wahren Königs.
	Erörterung der Charaktereigenschaften eines Königs vor Gott	UG		Ausgehend von der Krönung Queen Elisabeths oder King Charles erläutern sie anschließend die Eigenschaften eines wahren Königs vor Gott.
8	…und einen Sohn wirst du gebären; dem sollst du den Namen Jesus geben. Er wird groß sein und Sohn des Höchsten genannt werden. Gott, der Herr, wird ihm den Thron seines Vaters David geben (Lk 1,31bf.): Auseinandersetzung mit der Beziehung zwischen König David und Jesus Christus	Textarbeit EA/PA/GA	M19-21	Ausgehend von Lk 1,31b setzen sich die SuS mit der Beziehung zwischen König David und Jesus Christus auseinander, indem sie eine Chronologie auf Basis von Mt 1,1-17 (Stuttgarter NT) in Form eines Stammbaums entwerfen und kritisch Stellung dazu nehmen.

9-10	Christus – der Gesalbte: Auch heute noch königswürdig? Auseinandersetzung mit dem »royalen« Handeln Jesu	Textarbeit EA/PA/GA	M22	Indem die SuS unterschiedliche Perikopen des Wirkens Jesu mit Blick auf die royalen Eigenschaften seines Handelns untersuchen, setzen sie sich mit der Erwartungshaltung an Jesus Christus als König (vor Gott) auseinander.
11-12	»Mein Königtum ist nicht von dieser Welt.« (Joh 18,36): Auseinandersetzung mit den Messiaserwartungen im Christentum	UG GA	M23	Ausgehend von Joh 18,36 setzen sich die SuS mit den endzeitlichen Messiaserwartungen – im Christentum – auseinander und beschreiben das Königtum von Jesus Christus aus eschatologischer Perspektive.

Unterrichtssequenz 6

45 min	Thematische Strukturierung	Lernwege	Materialien	Lernprogression / Kompetenzerwerb
13	Sind gesalbte Christen Nachfolger Christi und damit alle Könige? Hinführung zur Bedeutung des christlichen Seins in der Nachfolge Jesu Christi	UG	M24-25	Ausgehend von der wörtlichen Bedeutung des Wortes »Christus« erarbeiten die SuS die Bedeutung des Christ/in-Seins in der Welt von heute.
14-18	Das Reich Gottes beginnt bei dir - Königskinder sein: Kreative Auseinandersetzung mit der Umsetzung der royalen Verantwortung durch den Einsatz der Königsfiguren von Ralf Knoblauch	Projekt Königsfiguren Gruppenarbeit	M26	Indem die SuS ein Projekt zur royalen Verantwortung aller Christ*innen im Kontext der Nachfolge Christi Königs entwerfen, setzen sie sich kreativ mit dieser auseinander. In diesem Zusammenhang wird die Handlungskompetenz der SuS gefördert.
		Reflexion (UG)		Die SuS reflektieren ihren Lernfortschritt und geben blitzlichtartig ihr ‚learning' aus der Reihe wieder.

Einzelstunden mit ausgewählten Materialien

Die Frage, die im Rahmen dieser Unterrichtssequenz erörtert werden soll, ist die nach dem Königsein Jesu Christi. Bereits zum Einstieg in das gesamte Unterrichtsvorhaben könnte diese Frage aufgerufen werden und gemeinsam mit den SuS ein Advance Organizer, z.B. in Form einer Concept Map erstellt werden.

Mit Hilfe von drei Bildern (M1) soll die Frage konkretisiert werden, ob Jesus ein König ist, wie zum Beispiel König Ludwig oder Queen Elizabeth es waren. Angezielt wird eine kognitive Dissonanz, dass das Königtum von beispielsweise König Ludwig nicht mit dem von Jesus Christus zu vergleichen sei. Die SuS werden angeregt, sich mit den eigenen Vorstellungen eines Königtums auseinanderzusetzen (M2). Bereits hier könnte eine Königsfigur zum Einsatz kommen (Hinweis zu M2). Durch den Einsatz der Königsfigur wird eine Irritation ausgelöst, die mit dem Impuls »Eigentlich ist Christus so ein König« verbunden werden kann. Die Figur kann dann ein erstes Mal beschrieben und anschließend beurteilt werden, inwiefern (spontan) Christus König eher einer solchen Figur entspricht als z.B. Queen Elisabeth oder König Ludwig. Darüber hinaus dient die Königsfigur als »Merkhilfe« bzw. Ankerpunkt und begleitet das weitere Unterrichtsgeschehen.

Durch verschiedene biblische Zitate wird die Verbindung zwischen dem Königtum und Jesus Christus hergestellt (M3). Auch zu diesen sollen sich die SuS äußern. Ausgehend von der INRI-Tafel am Kreuz (M4) sollten sich die SuS in einer Gruppenarbeitsphase gemäß dem Gruppenpuzzle oder alternativ Think-Pair-Share mit den Vorstellungen des Königtums zur Zeit des Alten Testaments und damit auch den Messiaserwartungen auseinandersetzen (M5-M8). Parallel zur Sicherung der eigenen Vorstellung des Königtums kann auch hier zur Sicherung eine Königsskulptur genutzt werden (vgl. Hinweis zu M5-M8). Die Ergebnisse dieser Erarbeitungsphase können mit den eigenen Vorstellungen verglichen und erneut auf die Königsfigur bezogen werden. Der Impuls könnte hier lauten: Erläutert, inwiefern die Königsfigur die Vorstellungen des Judentums widerspiegelt.

Nachdem die Lerngruppe ein Bild des Königtums zur Zeit des ATs erarbeitet hat, erfolgt die Auseinandersetzung mit der Figur des Königs David. Ausgehend von dieser Geschichte, die kreativ z.B. in Form eines Comics oder Films auch mit den Königsfiguren in einem Gruppenpuzzle inszeniert werden kann, erarbeiten die SuS die Eigenschaften eines wahren Königs vor Gott (M9-M17). Diese können wiederum mit einer Königsfigur gesichert werden, um darauf zurückgreifen zu können (Hinweis zu M9-M17).

An dieser Stelle kann nun durch Lk 1,31b (»…und einen Sohn wirst du gebären; dem sollst du den Namen Jesus geben. Er wird groß sein und Sohn des Höchsten genannt werden. Gott, der Herr, wird ihm den Thron seines Vaters David geben«) der Bezug zu Jesus Christus (wieder) hergestellt werden. Wenn Jesus als Nachfolger Davids beschrieben wird, da Jesus seinen Thron erhält, zuvor aber deutlich gemacht wurde, dass historisch betrachtet Jesus kein König war, kann ein kognitiver Konflikt erzeugt werden, und die SuS werden vor die Frage gestellt, was das Königliche an Jesus Christus ist. Eine Möglichkeit wäre es, mit Mt 1 einen Stammbaum zu entwerfen und mithilfe des exegetischen Kommentars auf den historischen Wahrheitsgehalt zu prüfen (M19-M21). Die Beurteilung des Wahrheitsgehalts für glaubende Menschen sollte im Anschluss auf jeden Fall erfolgen. Auf diese Weise lernen die SuS einen historischen von einem symbolischen Wahrheitsgehalt in Glaubensaussagen zu unterscheiden.

Da davon auszugehen ist, dass weiterhin kritisch auf das Königtum Jesu geschaut wird, stellt sich die Frage, ob er den Erwartungen eines Königs vor Gott gerecht wird. Durch die Untersuchung seines Lebens und Wirkens mit explizitem Blick auf die Eigenschaften eines Königs kann dies erfolgen. Hierbei können entweder bereits analysierte Perikopen aus vorangegangenen Unterrichtssequenzen zum Leben und Wirken Jesu erneut betrachtet oder neue Perikopen ausgewählt werden. Die SuS diskutieren über das royale Handeln Jesu (M22). An dieser Stelle bietet es sich an, die Königsfigur erneut einzusetzen. Ein detaillierter Rückblick auf die bereits gesicherten Ergebnisse rund um die Königsfiguren kann das Unterrichtsgespräch bereichern. Die SuS sollten nun beurteilen, inwiefern die Königsfigur das »Königliche« an Jesus Christus widerspiegelt, sowie Stellung dazu nehmen, inwiefern Jesus Christus ein wahrer König ist (vgl. Hinweis zu M22).

Durch Joh 18,36 (»Mein Königtum ist nicht von dieser Welt«) erfolgt erneut eine kognitive Aktivierung im besten Fall durch den Konflikt, dass es zu klären gilt, von welcher Welt dann die Sprache ist. An dieser Stelle setzt die eschatologische Betrachtung des Themas an. Die SuS können sich mit den Messiaserwartungen des Christentums auseinandersetzen und diese auch mit denen im Judentum vergleichen (M23).

Um den Bezug zum eigenen Leben deutlich zu machen, wird zunächst die Bedeutung des Christin- und Christ-Seins heute erörtert (M24). Hierfür wird ausgehend von der Salbung, die zentral ist für die Krönung (Videos der Krönung von Queen Elizabeth oder King Charles können ein Ausgangspunkt sein), überlegt, wo Salbungen noch eine Rolle spielen. Wenn das Gespräch auf Taufen und Firmungen fällt, ist eine Identifikationsmöglichkeit für die SuS eröffnet. Auch sie sind gesalbt – und damit auch Königinnen und Könige? Hieran anschließend kann zum einen über die Bedeutung des Christin und Christ-Seins diskutiert werden und zum anderen können Konsequenzen für das Handeln abgeleitet werden. Denkbar ist hierfür die Frage »Das Volk Gottes: Royal Family oder Arbeiter im Weinberg?«. Höhepunkt der Sequenz soll dann das Projekt »Königskinder sein: Die royale Verantwortung aller« (M26) sein. Die SuS entwerfen ein Projekt, mit welchem sie der royalen Verantwortung aller Christinnen und Christen gerecht werden könnten. Um dies umzusetzen, arbeiten die SuS mit den Königsskulpturen. Sie entwerfen eine Szenerie, in die die Königsfigur gestellt wird und machen daraus eine Postkarte. Durch eine Erklärung zu dieser Inszenierung machen die SuS deutlich, welche Aspekte ihnen besonders wichtig waren und beziehen dabei auch die im Unterricht behandelten Aspekte ein. Auf diese Weise erfolgt eine abschließende Lernerfolgskontrolle in Projektform.

---

[1] Die genannten Inhaltsfeldern entsprechen im Kernlehrplan der Sekundarstufe II in NRW den Nummern: IF 3, IF5 und IF6. Auch die Inhaltsfelder zwei (»Christliche Antworten auf die Gottesfrage«) sowie vier (»Kirche in ihrem Anspruch und Auftrag«) haben Anknüpfungspunkte in der gezeigten Reihe.
Vgl. Ministerium für Schule und Weiterbildung des Landes Nordrhein-Westfalen (Hrsg.):
Kernlehrplan für die Sekundarstufe II Gymnasium/Gesamtschule in Nordrhein-Westfalen, Katholische Religionslehre, Düsseldorf 2014.

Wenn ich näher an die Skulpturen herantrete,
bemerke ich die feinen Details, die die Einzigartigkeit
jeder Königsskulptur darstellen. Die verschiedenen
Positionen und Gesten, die sie einnehmen,
erinnern mich daran, dass jeder Mensch
auf seine eigene Weise wertvoll und einzigartig ist.

Streiche ich über das alte, grobe, ungeschliffene Eichenholz,
so spüre ich: Diese Figur hat eine Geschichte, da sind Spuren,
Risse und Verletzungen zurückgeblieben.

Jeder von uns hat seine eigenen Stärken, Schwächen und
Talente, die ihn als individuelle Persönlichkeit ausmachen.

Sophia Holzmann

Projektideen für Unterricht und Schulpastoral

Von Ute Lonny-Platzbecker

Auf den folgenden Seiten werden meditative Texte zur Annäherung an die Königsfiguren, Projekt- und Aktionsideen mit den Königsfiguren von Ralf Knoblauch entfaltet, die in den Unterricht integriert, aber auch in schulpastoralen Veranstaltungen, AGs oder einer Projektwoche unterrichtsunabhängig verwirklicht werden können. Denkbar wäre dabei auch, die Ergebnisse der Projekte in einer Ausstellung oder an einem Themenabend mit Ausstellung, Musik, Podiumsdiskussion evtl. sogar verbunden mit einer Spendenaktion für ein aktuelles, die Menschenwürde förderndes Projekt zu präsentieren.

Übersicht über die Projektideen

	Titel / Thema	**Materialien**	**Zielgruppe**
1.	**Meditation** Impuls für eine Frühschicht, für eine erste Begegnung mit den Königsfiguren	• Königsfiguren • Text • evtl. meditative Musik	ab Klasse 5
2.	**Meditation mit Gedanken zur Königin** Impuls für eine erste Begegnung mit der Königsfigur; Möglicherweise können die Kinder Geschichten aus der Perspektive der Figur schreiben über das, was sie im Baum, im Fachwerkbalken, als Königsfigur erlebt hat	• Königin-Figur, • M 1	ab Grundschulalter
3.	**Impuls für Soziales Lernen mit »Warmer Rücken« mit Psalm 139** Impuls zur Entdeckung der eigenen königlichen Würde in der Gruppe mit einem persönlichen positiven Feedback	• Königsfigur(en) • Pappteller in der Zahl der Teilnehmenden • Klebestreifen zum Befestigen der Teller • Geeignete Stifte (Filzstifte), • M 2	ab Grundschulalter (für Gruppen, die sich neu kennenlernen oder ihren Zusammenhalt stärken möchten)
4.	**Menschenwürde vor Ort** • in meiner Schule (4.1) Impuls zur Sensibilisierung für ein würdevolles Miteinander in der Schule • in unserer Stadt (2 Impulse: 4.2, 4.3) Impuls zur Wahrnehmung von Orten, Berufen, Personengruppen vor Ort, die in besonderer Weise mit Menschenwürde befasst sind	• Königsfigur(en) • Impulstext • Kamera • M 3 • Digitales Endgerät • M 4 , M 4a-c • M 5 • M 5.1	ab Grundschulalter
5.	**Menschenwürde in Kinder- und Jugendliteratur** Impuls zum Entdecken und Präsentieren von Jugendliteratur zum Thema Menschenwürde	• Jugendbücher • Poster • Material für Lapbooks • oder digitale Endgeräte für Powerpoint o.ä., • M 6	ab Grundschulalter

6.	**Königsfigur im Einsatz zur Bewahrung der Schöpfung** Impuls zu Aktionen und Projekten zu BNE (Bildung Nachhaltige Entwicklung) in der Schule	• Digitales Endgerät • (evtl. gedruckte) Postkarten • Poster • ggf. Materialien für Aktionsstand • M 7	ab Grundschulalter
7.	**Ein König zu Gast** Impuls zum Beherbergen einer Königsfigur im eigenen Zuhause oder Umfeld, bei dem die königliche Würde aller Besuchten in den Fokus gerückt wird und die Erfahrungen in einem (Foto-) Tagebuch dokumentiert werden.	• Königsfigur • Koffer o.ä. • Kerze mit Streichhölzern • Tuch • Tagebuch mit Einleitungstext (analog oder digital) • Gebets-, Meditationstext(e) (M 8.1-3) • evtl. »Visitenkarten« des Königs	für alle Altersgruppen / die gesamte Schulgemeinschaft geeignet
8.	**Drei Könige folgen ihrer Sehnsucht** Impuls für einen Wortgottesdienst (in der Schule) an Weihnachten / am Dreikönigsfest 6.01.	• Königsfiguren • ggf. Beamer • Leinwand und Fotos • Acessoires eines Königs (Mantel, Zepter, Schwert) • exemplarischer Ablauf M 9 • Liedblätter selbst erstellen	ab etwa 11 J.; für jüngere Teilnehmende vereinfachen

1. Meditation

Die Könige sind im Raum verteilt. Evtl. kann leise Musik gespielt werden. Die SuS werden gebeten, sich im Raum zu bewegen und die Könige zu betrachten. Nach einigen Minuten werden die SuS gebeten, sich eine der Figuren auszusuchen und dort stehen zu bleiben.

Was macht einen König aus?
Die goldene Krone zeigt seine Herrschaftsmacht.
Wie trägt der König vor dir seine Krone?
Zeigt der König vor dir seinen Reichtum und seine Macht?
Woher erhält der König vor dir seine Würde?

Was macht einen König aus?
Das strahlend weiße Gewand erinnert an die Taufe.
Wie wirkt das Gewand des Königs vor dir?
Zeigt das Gewand etwas von seiner Macht?
Woher hat der König vor dir seine Würde?

Was macht einen König aus?
Das Holz der Figur ist rissig und uneben.
Wie wirken diese Spuren des Lebens an dem König vor dir?
Ist der König vor dir verletzlich?
Ist er versehrt?
Woran erkennt ein König seine Würde?

Was macht einen König aus?
Das Gesicht des Königs vor dir strahlt Ruhe und Bescheidenheit aus.
Wirkt der König machtlos?
Ist der König vor dir laut?
Wie behält der König vor dir seine Würde?

Was macht einen König aus?
Der König vor dir steht fest auf einem massiven Sockel.
Wirkt der König vor dir unsicher?
Ist der König vor dir ein Ebenbild Gottes?
Woher bekommen wir Menschen unsere Würde?

Was macht einen Menschen aus?
Stell dir vor, der König vor dir sagt:
»Du bist ein König!«
Was für ein König wärest du?
Wo ist deine Krone?
Wo ist deine Würde?

(Frank Wessel, Schulreferent u. Schulseelsorger)

2. Meditation mit Gedanken zur Königin

»Die Königin«
Ist geschnitzt aus dem Balken
eines Fachwerkhauses in Bonn-Lengsdorf
Im Türsturz des Hauses ist ersichtlich,
dass dieses Haus 1728 gebaut worden ist
Was hat die Königin bereits erlebt?
Ich denke an viele Freuden- und Tauerträrnen,
die sie begleitet hat
Ich höre das Kinderlachen aus über 293 Jahren
und Gute-Nacht-Geschichten aus alten und neuen Zeiten
Ich rieche Eintopf und Festtagsmenü,
die von Geselligkeit oder Einsamkeit berichten
Ich sehe vor meinem geistigen Auge Menschen,
die in diesem Haus Herberge gefunden haben
und Menschen, die Gast sein durften
Die Königin,
im Schutz des Balkens
hat alle Wetter der Natur erlebt
Sonne und Regen,
Schnee und Sturm,
Gewitter und Windstille
hat sie Stand gehalten
Sie hat Schutz gegeben,
im leisen Versteck des tragenden Balkens
Die Königin,
im Schutz des Balkens
hat Krieg und Frieden gespürt
Sie ist
wie ein Schatz
aus der Deckung gekommen
und hat sich durch behutsame Hände
als Königin
aus dem Holz herausgeschält,
schälen lassen
Sie ist in Berührung gegangen,
das ist ihr Auftrag
Die Königin
zieht in die Welt
im Sinne menschlicher Würde
Schenkend und beschenkend,
tröstend und aufrichtend
setzt die Königin einem jeden Menschen
die Krone menschlicher Würde auf

(Kerstin Müllers, Dipl. Religionspädagogin,
Gesundheits- und Krankenpflegerin, KrPflG,
Staatl. anerk. Heilpädagogin)

3. Impuls für Soziales Lernen

Dieser Impuls für Soziales Lernen verbindet die »Warmer Rücken«-Übung mit einer vorausgehenden Begegnung mit den Königsfiguren von Ralf Knoblauch. Sie ist insbesondere in den Jahrgangsstufe 5 nach dem Übergang in eine neue Schulform geeignet, um das eigene Selbstbewusstsein in der neuen Gruppe, aber auch das Zusammenwachsen in der neuen Klassengemeinschaft zu stärken. Altersunabhängig kann diese Methode aber auch in anderen Gruppen (Firmanden- oder Kommunionkindergruppe, Klassen- oder Kursgemeinschaften) zur meditativen Vertiefung der Auseinandersetzung mit der unbedingten menschlichen Würde bzw. dem christlichen Menschenbild eingesetzt werden. Die Teilnehmenden sollten einander bereits ein wenig kennengelernt haben oder sogar schon länger kennen,

Nach einer spontanen Erstbegegnung mit den Königsfiguren (Annäherung, Spontanphase), die ggf. durch die Verwendung eines meditativen Textes vertieft werden kann, werden die Jugendlichen zur detaillierten Betrachtung und Berührung der Figuren eingeladen und in die mit ihnen verbundene Grundaussage zur unbedingten königlichen Würde eines jeden Menschen eingeführt (Vertiefung, Reflexion). Hier kann bereits ein Impuls dazu gegeben werden, wie es das Selbstgefühl, aber auch das Miteinander in einer Gruppe verändert, wenn ich mich und die anderen gleichsam als Königinnen und Könige wahrnehme (Vertiefung).

Die gegenseitige positive Wahrnehmung und Wertschätzung wird abschließend durch die »Warmer Rücken«-Aktion konkretisiert und für die Jugendlichen persönlich greifbar (Handlungsorientierte Vertiefung). Die Teilnehmenden bewegen sich mit einem auf den Rücken geklebten Pappteller durch den Raum, in dem die Königsfigur(en) ebenfalls präsent sind, und beschriften diese Pappteller mit persönlichem positivem Feedback (vgl. AB Warmer Rücken mit Psalm 139). Bei der abschließenden Reflexion dieses Arbeitsschritts ist festzuhalten, dass die Würde und Anerkennung der Person sowie die Zusage »Du bist wunderbar und staunenswert geschaffen«, aus der Perspektive des biblischen Menschenbildes bedingungslos gelten. In einer Haltung der Dankbarkeit können die »guten Worte« der Mitschülerinnen und -schülern als Bestärkung aufgenommen, dürfen aber keinesfalls als Bedingung der Anerkennung und Würde des Menschen missverstanden werden.

Ablauf:

Annäherung	»Rühr mich an!« – Begegnung mit den Königsfiguren; sich anrühren lassen von den Figuren; Gegen Ende: Platz nehmen bei einer Königsfigur.	Evtl. meditative Musik; Königsfiguren im Raum oder auf Gruppentischen; Umhergehen und Betrachten der Könige; später: Auffordern zum Berühren des Holzes / über den Kopf streichen.
Spontanphase	Was fällt euch an den Figuren auf? Beschreibt! Entsprechen sie euren Erwartungen an einen König?	UG
Vertiefung	L führt in die Idee der Figuren ein mit kurzen Impulsen zu allen Elementen der Figur (vgl. Info M 10 aus Unterrichtssequenz Grote / Lonny-Platzbecker); Intention des Künstlers und Diakons Ralf Knoblauch mit seinen Figuren: Jeder Mensch besitzt Würde, wie die Krone symbolisiert. Ich selbst bin dadurch gleichsam ein König, aber auch mein Gegenüber.	S betrachten die einzelnen Elemente im Detail; evtl. Körperübungen: Welche Haltung nehme ich ein, wenn ich mich selbst königlich fühle? Wie begegne ich meinem Gegenüber als König?
Reflexion	Einholen von Eindrücken: Wie wirken die Königsfiguren vor dem Hintergrund ihrer Intention auf mich? Welche Konsequenzen ziehe ich aus der Begegnung mit ihnen? Haben sie mich berührt?	S reflektieren, inwiefern sie die Begegnung mit den Königsfiguren angeregt hat, sich der Würde jedes Menschen konkret bewusst zu werden.
Überleitung	Die Würde des Menschen gilt bedingungslos. Sie ist unabhängig von Armut oder Reichtum, Leistung oder Misserfolg, Gesundheit oder Krankheit, … Darum kann sich jede/r wie ein König fühlen. Trotzdem bringt jede/r von euch auch Eigenschaften, Fähigkeiten und besondere gemeinsame Erlebnisse mit, die besondere Wertschätzung verdienen, an denen ihr euch besonders freuen könnt! Diese wollen wir heute mal in den Mittelpunkt rücken!	
Handlungsorientierte Vertiefung	»Warmer Rücken«-Aktion mit Papptellern mit dem Impuls aus Psalm 139. Abschluss im Gespräch darüber, welche Empfindungen das Feedback auslöst und inwiefern die Teilnehmenden sich selbst und andere in einer neuen, königlichen Perspektive betrachten können.	

4. Menschenwürde vor Ort

Die folgenden Impulse für Projektideen möchten die SuS dazu inspirieren, in ihrem konkreten Umfeld (Menschenwürde in der Schule, Menschenwürde in unserer Stadt), in ihrer Lebenswelt (z.B. Menschenwürde in der Literatur), aber auch bei aktuellen gesellschaftlichen Themen (Bewahrung der Schöpfung) dafür sensibel zu werden, wo menschliche Würde ins Spiel kommt – sei es im besonderen Einsatz für diese Würde, sei es in deren Gefährdung. Die Projektideen können angepasst in jeder Altersgruppe ab Grundschulalter sowohl im Rahmen einer Projektwoche, einer AG (z.B. Bücherei-AG; Umwelt-AG) oder thematisch passend im Rahmen des Unterrichts durchgeführt werden. Nach einer ersten theoretischen Auseinandersetzung mit den Königsfiguren, die ggf. durch meditative Impulse, wie sie das Werkbuch zur Verfügung stellt, ergänzt werden können, und dem Thema Würde in einem speziellen Kontext (Schule, Stadt, Literatur, Schöpfung – weitere Kontexte wären denkbar) werden die Teilnehmenden selbst aktiv, indem sie im Internet nach geeigneten Einrichtungen recherchieren, Orte aufsuchen und Fotos erstellen, einen Aktionsstand vorbereiten und eine Aktion durchführen.

Da bei den verschiedenen Projekten Produkte in Form von Fotos, Postern, Postkarten o.ä. entstehen, bietet es sich in besonderer Weise an, diese in einem angemessenen Rahmen zu präsentieren. Dies könnte eine Ausstellung in der Schule oder in Kooperation mit der örtlichen Buchhandlung (Menschenwürde in Jugendliteratur) oder Pfarrgemeinde sein, aber auch ein Themenabend zum Thema Menschenwürde, bei dem die SuS von ihrer Arbeit, der Intention der Königsfiguren, ihren Erkenntnissen berichten, ihre Produkte ausstellen und evtl. passende Musik zum Rahmenprogramm aufgeführt wird. Möglich wäre dabei auch, diesen Abend als Benefizveranstaltung zur Unterstützung einer Aktion oder einer Einrichtung zu gestalten, die von den SuS ausgewählt wurde, weil sie die Würde von Menschen in ihrer Arbeit unterstützt bzw. in den Fokus rückt.

4.1 Menschenwürde in der Schule

Die Königsfiguren von Ralf Knoblauch sind Botschafter für die unantastbare Würde des Menschen: Jeder Mensch besitzt unbedingte Würde, jeder Mensch ist gleichsam in seiner Würde königlich. Die Würde des Menschen gilt bedingungslos. Sie ist unabhängig von Armut oder Reichtum, Leistung oder Misserfolg, Gesundheit oder Krankheit, …
Die Figuren aus jahrhundertealtem Holz tragen eine Geschichte in sich, die Spuren in Form von Rissen, Maserungen, Flecken hinterlassen hat. Sie stehen aufrecht, ihrer Würde bewusst auf einem festen Fundament. Sie zeigen keine machtvolle Geste, ihre Arme liegen eng am Körper. Sie drängen sich nicht in den Vordergrund, sondern lächeln bescheiden und freundlich! Als Zeichen der Würde besitzen sie alle eine Krone – auf dem Kopf, in der Hand, vor oder hinter sich. In ihrer Einfachheit stehen sie dafür, dass jeder Mensch – mit allen Spuren und »Flecken«, die das Leben bei ihm hinterlassen hat - in seiner unantastbaren Würde gleichsam ein König / eine Königin ist. In ihrer scheinbaren Machtlosigkeit fordern sie dazu auf, sich der eigenen Würde bewusst zu werden, aber auch die königliche Würde in seinen Mitmenschen zutage zu fördern und sich für ihre Bewahrung einzusetzen.
Das Thema Menschenwürde, würdevoller Umgang miteinander spielt auch in der Schule eine große Rolle: Beherrscht Leistungsdruck die Atmosphäre oder werde ich als Person gewürdigt und gewertschätzt? Wie gehen wir an der Schule mit guten und schlechten Schulleistungen um? Prägen Respekt und Wohlwollen den Umgang von Lehrenden und SuS miteinander? Gibt es Erfahrungen von Mobbing? Wie würdigen wir die Arbeit von Mitarbeitern der Schulgemeinschaft wie Reinigungskräften, Hausmeister, Sekretariat, aber auch Elternengagement? Werden Einrichtung und Umfeld der Schule respektvoll und pfleglich behandelt?

4.2 Orte der Menschenwürde in unserer Stadt

»Es gibt nur eine wirkliche Sünde: zu vergessen, dass jeder Mensch ein Königskind ist.«
(Martin Buber, jüdischer Religionsphilosoph)
Die Königsfiguren von Ralf Knoblauch sind weltweit Botschafter für die unantastbare Würde des Menschen: Ein Beispiel zeigt das Video vom Heiligen Land (QR-Code):

Jeder Mensch besitzt unbedingte Würde, jeder Mensch ist gleichsam in seiner Würde königlich. Daher sind die Königsfiguren nicht selten an Orten zu Gast, in denen die Würde des Menschen eine besondere Rolle spielt. Das können Orte sein, an denen die Würde des Menschen in Gefahr ist:
Etwa die Schlafstelle eines Obdachlosen – Das improvisierte Lager unter offenem Himmel setzt den Betroffenen vielfachen Gefahren aus; nicht selten sind Obdachlose Opfer von verbaler Gewalt durch Beleidigungen, aber auch körperlichen Angriffen. Ihre Würde ist angesichts ihrer problematischen Lebenssituation, in der Grundbedürfnisse wie Nahrung, Wohnung, Hygiene, Gesundheit u.a. nicht gesichert sind, gefährdet.
Das können aber auch Orte oder Menschen sein, die sich besonders für die Würde des Menschen einsetzen:
Etwa ein Hospiz – In den besonders gestalteten Räumen können Menschen am Lebensende individuell betreut, gepflegt und medizinisch versorgt werden. Ihnen selbst sowie ihren Angehörigen soll durch die Begleitung durch ehrenamtliche und hauptamtliche Helfer ein würdevoller Abschied vom Leben und voneinander ermöglicht werden.
Überlege: An welchen Orten oder bei welchen Personen in deiner Stadt sollte eine Königsfigur von Ralf Knoblauch einmal zu Gast sein, um die Botschaft von der unantastbaren, königlichen Würde eines jeden Menschen zu verkünden?

4.3 Königliche Würde in unserer Stadt

»In diesem Jahr habe ich den König vom Bonner Diakon und Holzbildhauer Ralf Knoblauch - den ich in meinem Büro beherberge - zu den vielen Weihnachtsgrüßen gestellt.
Nähert man sich Ralf Knoblauchs Königsskulpturen, so scheinen diese schweigend zu sagen: ‚Rühr mich an!' Man kann fast nicht anders, als ihnen über die Köpfe zu streichen und die Materialität des Holzes, seine Schrunden, Risse und Unebenheiten zu spüren. Ralf Knoblauchs Königsskulpturen sind Menschen – Menschen wie du und ich.
Menschen begegne ich täglich in meiner Arbeit.
Morgen, am Mittag des Heiligen Abends bin ich gemeinsam mit unserem Oberbürgermeister wieder bei der Weihnachtsfeier mit vielen Essener wohnungs- und obdachlosen Frauen und Männern im Saal von St. Getrud, die von der Caritas und der Diakonie eingeladen sind.
Menschen. Wie Du und ich.
Es ist ein Zufall, dass der Oberbürgermeister oder ich nicht auch an den Tischen als wohnungslose Männer sitzen. Lebensbrüche, persönliche Schicksalsschläge … wie oft kommen Frauen und Männer nicht mehr aus der Spirale von Hoffnungs- und Perspektivlosigkeit heraus und begegnen uns auf der Straße, an den Bahnhöfen, liegen im Hauseingang!
Menschen. Wie Du und ich.
Wir Menschen sind verwundbar und verletzlich. Wir benötigen immer und zu jeder Zeit Weihnachten. Wir brauchen persönliche Begegnungen und Zuwendung, ein Lächeln, eine Berührung.

Ich bin so überaus dankbar, dass es in unserer Stadt zigtausende von Menschen gibt, die den Menschen dienen und unsere Heimatstadt so lebens- und liebenswert machen. Die Stadt hält zusammen.

Bürgerinnen und Bürger unterstützen, helfen, beraten, informieren, nehmen in den Arm, kochen, musizieren, lesen vor, kochen für andere, geben Lebensmittel ab, geben Obdach und Sicherheit, verteilen Essen und Kleidung, begleiten neue Mitbürgerinnen und Mitbürger, halten Kontakt zu einsamen Menschen, gehen mit anderen spazieren, engagieren sich in politischen Gremien … und so unfassbar vieles mehr.

DANKE für jedes ehrenamtliche und bürgerschaftliche Engagement!

DANKE auch den vielen Frauen und Männern, die als hauptamtliche Fachkräfte vieles mit organisieren, unterstützen und den Bürgerinnen und Bürgern unserer Stadt dienen und sie schützen!

Der Mensch ist die Lösung. Der berührbare Mensch. Der verletzliche Mensch.

Der Mensch, der – wie die Königskulpturen von Ralf Knoblauch – die Augen geschlossen hat. Wer die Augen geschlossen hat, macht sich besonders verwundbar. Er sieht nicht, was ihm geschieht. Man könnte ihm etwas antun; er ist verletzlich.

Der König steht stellvertretend für die Menschen in unserer Stadt.

Er fordert mich und uns stumm auf, Verantwortung für sie zu übernehmen, für sie da zu sein und sie zu beschützen.

Durch Ralf Knoblauchs Königsskulpturen werden wir an unsere Menschlichkeit erinnert. Diese Könige machen uns, jeden einzelnen von uns, zu einem König. Wir werden an unsere je eigene Königswürde erinnert, daran, dass wir Menschen sind, die königlich, nicht göttlich werden sollen – Menschen, die füreinander da sein sollen und einander brauchen.

Allen Königsskulpturen ist neben dem Besitz ihrer Krone gemeinsam, dass sie in festliche Farben gekleidet sind. Ihr weißes Hemd unterstreicht Würde, Festlichkeit und Wertschätzung.«

(Quelle: aus dem Weihnachtsgruß 2022 von Peter Renzel, Sozialdezernent der Stadt Essen)

5. Menschenwürde in Kinder- und Jugendbüchern

Die Königsfiguren von Ralf Knoblauch sind Botschafter für die unantastbare Würde des Menschen: Jeder Mensch besitzt unbedingte Würde, jeder Mensch ist gleichsam in seiner Würde königlich. Die Würde des Menschen gilt bedingungslos. Sie ist unabhängig von Armut oder Reichtum, Leistung oder Misserfolg, Gesundheit oder Krankheit, …
Die Figuren aus jahrhundertealtem Holz tragen eine Geschichte in sich, diese hat Spuren in Form von Rissen, Maserungen, Flecken hinterlassen. Sie stehen aufrecht, ihrer Würde bewusst auf einem festen Fundament. Sie zeigen keine machtvolle Geste, ihre Arme liegen eng am Körper. Sie drängen sich nicht in den Vordergrund, sondern lächeln bescheiden und freundlich! Als Zeichen der Würde besitzen sie alle eine Krone – auf dem Kopf, in der Hand, vor oder hinter sich.
In ihrer Einfachheit stehen sie dafür, dass jeder Mensch in seiner unantastbaren Würde gleichsam ein König / eine Königin ist. Sie fordern dazu auf, sich der eigenen Würde bewusst zu werden, aber auch die königliche Würde in seinen Mitmenschen zutage zu fördern.
Das Thema Menschenwürde, würdevoller Umgang miteinander spielt auch in vielen Werken der Kinder und Jugendliteratur eine große Rolle! Die Geschichten thematisieren Ausgrenzung aufgrund von Rassismus, Vorurteile gegenüber Menschen mit Handicap oder aufgrund ihrer sexuellen Orientierung. Sie erzählen von Lebenssituationen, in denen die Würde ihrer Protagonisten gefährdet ist, z.B. auf der Flucht, im Krieg, durch Gewalterfahrungen. Sie zeigen, wie Kinder und Jugendliche im Alltag darunter leiden, dass ihre Würde durch Mobbing, Schönheitswahn und Leistungsdruck missachtet wird.

Projektideen:
- Sammelt Beispiele für Kinder- und Jugendbücher, in denen Menschenwürde thematisiert und im Sinne der Königsfiguren der Respekt vor der (königlichen) Würde eines jeden Menschen eingefordert wird!
- Gestaltet in der Schulbücherei oder in Kooperation mit der nahegelegenen Buchhandlung einen Büchertisch zum Thema »Menschenwürde«. Stellt diese Bücher in einer Präsentation vor, z.B. als Lap-Book, Poster, in einer Lesung, Powerpoint …

»*Mein Versprechen an Mutter Erde*
ist DEIN Versprechen an DEINE Erde
und DEINE Mitmenschen,
das du für dich umsetzt.
Dein wichtigstes Versprechen
für diese Jahre – vielleicht das
wichtigste Versprechen deines Lebens!«

6. Königsfigur im Einsatz zur Bewahrung der Schöpfung

Das Projekt »My Promise Mother Earth« verfolgt das Ziel mindestens eine Millionen Versprechen für ein besseres Morgen zu sammeln. Jedes Versprechen steht für einen Menschen, der im Rahmen seiner Möglichkeit seinen individuellen Beitrag zur Lösung der Klimakrise verspricht. Wenn jeder sein Verhalten, seinen Konsum und seine Gewohnheiten ein wenig ändert, ist unserer Mutter Erde mit all ihren Lebewesen geholfen. Wir können nicht auf Politik warten, uns zu einem geänderten, besseren Verhalten zu zwingen. Wir müssen langfristig unsere Verantwortung selbst übernehmen und für kommende Generationen einen radikalen Schritt in unserem Alltag gehen, um die negativen Effekte für das Klima zu verringern. Der Verein »My Promise Mother Earth e.V.« koordiniert alle Aktivitäten rund um dieses große Projekt, sammelt dafür Spenden und Unterstützer: Wir möchten Unternehmen gewinnen, die ebenfalls bereit sind, ihr Versprechen abzugeben. (Quelle: https://mypromise.earth/my-promise-mother-earth-das-projekt)

Im Oktober / November 2021 berieten die Teilnehmer-Staaten der Weltklimakonferenz (COP26) der Vereinten Nationen im schottischen Glasgow über gemeinsame Ziele. Dort war auch eine mehr als zwei Meter hohe Stahlkugel des Aktionskünstlers Arnd Drossel angekommen. Im Sommer 2021 machte sich der Aktionskünstler Arnd Drossel in einer mehr als zwei Meter hohen Stahlkugel von Paderborn in Ostwestfalen-Lippe aus im Rahmen einer Aktion für »My Promise Mother Earth« auf den Weg nach Glasgow. Bis zum Beginn der Klimakonferenz war er mit seiner Kugel in 54 Städten nach Glasgow unterwegs und sammelte auf der mehr als 1500 Kilometer langen Strecke, die er rollend in der Kugel zurücklegte, Versprechen für eine klimagerechte Zukunft ein.

Im August 2021 traf Drossel in Bonn ein und führte nun auch einen der von Bildhauer und Diakon Ralf Knoblauch geschaffenen hölzernen Königsfiguren mit sich, die ihm Knoblauch als Symbol und Botschafter für den Erhalt der Schöpfung mitgegeben hat. Knoblauch erläuterte dabei, dass seine Königsfiguren auf ihrem festen Sockel auch einstehen für die Würde und Bewahrung der Schöpfung. Dieser königliche Appell an den Erhalt der Schöpfung wurde bereits zuvor durch SuS zum Ausdruck gebracht, die seine Könige mit zu den Freitagsdemonstrationen »Fridays for Future« getragen haben.

Die Königsfiguren von Ralf Knoblauch leisten so einen Impuls, sich mit der Würde von Mensch und Schöpfung auseinandersetzen. (Quelle: https://mypromise.earth/; https://ga.de/bonn/hardtberg/bonner-holz-koenig-figur-ist-bei-der-weltklimakonferenz-dabei_aid-63757745 2/3)

Aktionsideen:
- Gestaltet einen Ort zum Thema »Klimaschutz« an eurer Schule (z.B. mit Infoplakaten oder Fotos). Ihr könnt dort eine Königsskulptur zentral positionieren.
- Sammelt nun von Mitschülerinnen und -schülern sowie von Lehrerinnen und Lehrern und anderen Mitgliedern der Schulgemeinschaft »Versprechen an Mutter Erde« – z.B. als Postits rund um die Königsfigur, als Postkarten mit dem Motiv der Königsfigur vor der Weltkugel.
- Führt mit Hilfe von Fragebögen und Messungen einen Klimacheck an eurer Schule durch. Präsentiert eure Ergebnisse in einer Ausstellung und / oder Infoveranstaltung. Überlegt anschließend gemeinsam mit Verantwortlichen (Schulleitung, Elternvertreter, Schulträger, Schülervertretung, …), wie ihr als Schule euren Energie- und Ressourcenverbrauch konkret reduzieren könnt.
- Geht mit einem Aktionsstand zum Thema »Klimaschutz« in eure Stadt (Fußgängerzone, Markt, Pfarrfest …). Sammelt dort auf Königspostkarten »Versprechen an Mutter Erde« und diskutiert mit den Standbesuchern über die Ernsthaftigkeit und Dringlichkeit dieser Versprechen!

7. Projektidee: Ein König zu Gast

In einem Koffer gut verpackt geht eine Königsfigur auf die Reise durch die Schulgemeinschaft. Der König lädt ein, sich auf die königliche Würde jedes Menschen zu besinnen und durch den königlichen Besuch veranlasst ein kleines Fest der Würde zu feiern.

Im Koffer befinden sich folgende Elemente:
- Eine gut und sicher in ein Tuch eingewickelte Königsskulptur von Ralf Knoblauch.
- Eine Kerze und Streichhölzer bzw. ein Feuerzeug.
- Ein Königstagebuch mit einem Foto der Königsfigur, in dem sich ein einleitender Text zu Idee und Botschaft der Königsfiguren von Ralf Knoblauch sowie evtl. ein kurzer Gebetstext findet und in dem jede/r einen Tagebucheintrag zu den Erfahrungen mit dem königlichen Besuch in Form von Texten, Fotos, Zeichnungen vornehmen kann.
- Es kann auch eine Email-Adresse angegeben werden, an die ein Foto vom Besuch des Königs geschickt werden kann. Die gesammelten Fotos können schließlich zu einer die Schulgemeinschaft gleichsam verbindenden Collage zusammengestellt werden.
- Eine »Visitenkarte« mit einem Foto des Königs und einem Text, z.B.: »Zur Erinnerung an einen königlichen Besuch: Du bist eine Königin oder ein König.«

Die Königsfigur reist nun durch die Schulgemeinschaft. Jede Lehrerin und jeder Lehrer, SuS, Eltern oder andere Mitglieder der Schulgemeinschaft – kann die Figur zu sich nach Hause oder aber auch für einen Besuch im Krankenhaus, zu einer Familienfeier, zu einem Ausflug einladen. Die Besuche werden zentral koordiniert und ein sorgsamer Umgang mit der Skulptur und dem Koffer wird eingeübt.

Das so entstehende Königs-Tagebuch bildet eine bleibende, verbindende Erinnerung an die königliche Würde aller Mitglieder der Schulgemeinschaft und die Freude, diese Würde mit anderen zu teilen und zu feiern.

8. Drei Könige folgen ihrer Sehnsucht

Im Zentrum dieses Gottesdienstes zu Weihnachten steht die Erzählung von den drei Sterndeutern, die sich aus allen Himmelsrichtungen auf den Weg gemacht haben, um den neuen König in Judäa zu begrüßen (Mt 2,1-12). In der Tradition sind aus diesen Sterndeutern, die König Herodes von Judäa nach dem neugeborenen König fragen, die Könige Caspar, Melchior und Balthasar geworden. So erhält das Königsmotiv in dieser Perikope eine vielfache Bedeutung.
Im Gottesdienst wird zunächst mit der Erwartung an einen neugeborenen König gespielt. Symbolisch wird eine der Königsfiguren mit entsprechenden Insignien ausgestattet.
Doch schon die allen SuS bekannte Geschichte von der Geburt in einem Viehstall, in dem das neugeborene Baby in eine Futterkrippe gebettet wird, widerspricht diesen Erwartungen. Ebenso lassen die Worte Jesu aus der Lesung aus Joh 18, 33-37 aufhorchen: »Mein Königtum ist nicht von dieser Welt.«
Im Zentrum steht nun die bleibende Bedeutung der Geschichte von den drei Königen, die einen so ganz anderen König gefunden haben, als den, den man vielleicht erwarten würde.

Es sind diese drei Könige, die im Mt-Evangelium eigentlich als Magier und Sterndeuter bezeichnet werden, es sind diese drei Weisen aus dem Morgenland, die das Kind in der Krippe als den neugeborenen König erkennen und mit Gold, Weihrauch und Myrrhe beschenken – damit begann unsere Tradition, an Weihnachten Geschenke zu machen.
Die Wahrheit dieser Erzählung liegt – wie so oft bei biblischen Geschichten – nicht in ihrer historischen Wirklichkeit, sondern es geht um eine tiefere Bedeutung.
Traditionell werden die drei Könige dargestellt als Jüngling, Mann in den mittleren Jahren und als Greis – sie repräsentieren also alle Lebensphasen des Menschen. Darüber hinaus steht jeder der Könige für einen der Kontinente Afrika, Asien und Europa – das war die ganze damals bekannte Welt. So stehen die drei Könige aus dem Morgenland symbolisch für alle Menschen - damals und heute - die auf der Suche sind. Die sich nicht mit dem zufriedengeben, wie es gerade ist, aber nicht sein soll. Die nach Sinn, ja nach Gott in ihrem Leben suchen. Die ihrer Sehnsucht folgen.

Schon in der traditionellen Drei-Königs-Geschichte wird also die ganze Menschheit durch Könige repräsentiert. Ebenso repräsentieren die Königsfiguren von Ralf Knoblauch jeden Menschen – vielleicht nicht perfekt, nicht besonders reich und machtvoll, mit deutlichen Spuren des Lebens – aber: Diese Figuren haben eine Botschaft: Jeder Mensch, jede und jeder von uns ist eine Königin oder ein König.

Wir dürfen uns – in Gedanken – auch so eine golden glänzende Krone aufsetzen, die die unbedingte königliche Menschenwürde sichtbar macht. Diese Würde ist wirklich bedingungslos: sie hängt nicht ab von meiner Leistung, meinen Noten, meinen Likes, meinem Reichtum. Diese (unsichtbare) goldene Krone der Menschenwürde besitzt jeder Mensch, wir können uns also alle als Königinnen und Könige fühlen!
Es sind die drei Heiligen Könige, die sich auf den Weg zum neugeborenen Kind in der Krippe machen. Vor dem Wunder der Geburt fallen sie nieder und huldigen dem Neugeborenen; einem König, dessen Königreich nicht von dieser Welt ist und der sich deshalb als scheinbar machtloses kleines Baby den Menschen zuwendet.
Wir erleben immer wieder, dass nicht die Würde jedes einzelnen Menschen das menschliche Zusammenleben prägt, sondern dass das menschliche Streben nach Anerkennung, Aufmerksamkeit und Macht Gewalt, Krieg und Ungerechtigkeit verursacht. Angesichts dessen erinnert uns die Weihnachtsbotschaft an die Heiligkeit und Unverletzlichkeit der (königlichen) menschlichen Würde und des menschlichen Lebens – und daran, dass Gott uns nicht verlässt, sondern – vielleicht unscheinbar und scheinbar machtlos - ganz nahe ist.
Die Weihnachtsbotschaft ermutigt uns, dass wir uns mit ungerechten Verhältnissen und Verletzungen der Menschenwürde nicht abfinden, sondern unserer Sehnsucht nach einem Königreich mit anderen Gesetzen – einem »Königreich nicht von dieser Welt« – folgen. Jesus selbst spricht vom Reich Gottes, in dem wir uns selbst unserer königlichen Würde bewusstwerden dürfen und sie auch in unserem Gegenüber entdecken und sichtbar werden lassen können.
Was bedeutet diese Botschaft für mich persönlich? In welchem Zusammenhang sehne ich mich nach Veränderung? Wo kann ich in den nächsten Tagen konkret selbst dazu beitragen, dass die königliche Würde bei mir oder meinen Mitmenschen zum Strahlen gebracht wird?
Die Gottesdienstbesucher werden eingeladen, als Erinnerung an den Gottesdienst ihre persönliche königliche Weihnachtsbotschaft auf einer Königspostkarte zu notieren und mit nach Hause zu nehmen – für sich selbst oder für einen anderen Menschen, dem sie mit dieser Karte gleichsam eine Krone aufsetzen möchten!

Ein exemplarischer Ablauf für den Gottesdienst findet sich im digitalen Material (M 9).

Mitwirkende

Janina Euler, geb. 1994, studierte Katholische Theologie und Geschichte an der Ruhr-Universität Bochum. Aktuell unterrichtet sie Katholische Religionslehre, Gesellschaftslehre sowie Darstellen und Gestalten an der Heinrich-Heine Gesamtschule in Duisburg Rheinhausen.

Helena Grote, geb. 1993, unterrichtet seit 2022 die Fächer Katholische Religionslehre und Mathematik am Geschwister-Scholl-Gymnasium, Velbert sowie an der Realschule Kastanienallee, Velbert. Zuvor hat sie nach dem Abitur 2013 in Münster ihr Studium an der Universität Duisburg Essen und ihr Referendariat am ZfsL Essen absolviert.

Sophia Dorothea Holzmann, geb. 1996, mit jahrelanger Erfahrung in der Katechese, hat das Lehramtsstudium mit den Fächern Katholische Religionslehre und Französisch an der Universität Duisburg-Essen und an der Université Catholique de l'Ouest in Angers, Frankreich absolviert. Seit dem Abschluss des Referendariats am ZfsL-Oberhausen im Jahr 2022 unterrichtet sie am B.M.V.-Gymnasium in Essen und engagiert sich im Schulpastoralteam.

Ute Lonny-Platzbecker, geb. 1967, unterrichtet seit 1998 die Fächer Katholische Religionslehre, Biologie und Deutsch in verschiedenen Schulformen und ist seit über 10 Jahren Redaktionsmitglied im Eulenfisch-Magazin. Heute ist sie als Lehrerin und Beauftragte im schulpastoralen Dienst des Erzbistums Köln am Nikolaus-Ehlen-Gymnasium in Velbert tätig sowie als Fachleiterin für Katholische Religionslehre an Gymnasium und Gesamtschule am ZfsL Essen.

Anna-Lisa Lukannek, geb. 1995, arbeitet als Referentin für Religionspädagogik für die Schulformen Gymnasium und Gesamtschule sowie Förderschule im Bistum Essen. Zuvor hat sie ihre Ausbildung zur Chemie- und Religionslehrerin (Gym/Ge) nach ihrem Studium in Bochum und Jerusalem abgeschlossen und betreut und gestaltet jetzt unter anderem die Öffentlichkeitsarbeit des Bereichs Schule und Hochschule.

Prof. Dr. Paul Platzbecker, geb. 1966, promovierte nach dem Studium von kath. Theologie, Englisch und Geschichte für das Lehramt der Sek. I/II in Bonn und London 2002 an der Katholisch-Theologischen Fakultät der Universität Bonn (Bereich Dogmatik und Propädeutik). Nach dem 2. Staatsexamen 2003 habilitierte er sich 2011 an der Katholisch-Theologischen Fakultät der Universität Freiburg (Bereich religionspädagogische Grundlagenforschung). Er ist Leiter des Instituts für Lehrerfortbildung NRW in Essen und ist nach einer zweiten Habilitation an der Ruhr-Universität Bochum dort als außerplanmäßiger Professor tätig.

Dipl.-Theol. Martin W. Ramb, geb. 1969, studierte Philosophie, Andragogik und Theologie in Vallendar und Bonn. Als Schulamtsdirektor i. K. leitet er die Abteilung Religionspädagogik, Medien und Kultur im Bischöflichen Ordinariat Limburg und ist Chefredakteur des Bildungs- und Kulturmagazins des Bistums Limburg »Eulenfisch«. Er ist Koordinator für kulturelle Diakonie im Bistum Limburg, Beauftragter für den rheinland-pfälzischen Kultursommer und Mitbegründer der literarisch-philosophischen Veranstaltungsreihe »Denkbares«.

Kathrin Termin, geb. 1991, absolvierte ein Studium der Katholischen Theologie, Germanistik und Mathematik für das Lehramt Grundschule. Nach einigen Jahren als Lehrerin an einer Gemeinschaftsgrundschule und als Fachleiterin für das Fach Katholische Religionslehre in der Lehrerausbildung arbeitet sie heute als abgeordnete Lehrerin am Lehrstuhl für Katholische Religionspädagogik und Katechetik der Ruhr Universität Bochum.

NEU!

1. Auflage 2024
96 Seiten, 29,7 x 21 cm
fadengeheftet
ISBN: 978-3-7954-3939-2
20 Euro

Große Themen, die unser Leben durchziehen: Dankbarkeit, Freundschaft und Versöhnung, aber auch Krieg, Streit und Sorgen. Was kann uns die Bibel dazu sagen? Sehr viel. Die Antworten gibt es in Bild und Text. Mehr als 40 ausgewählte Bibelstellen hat die Künstlerin Cornelia Steinfeld illustriert – mit Grafiken in einer einzigartigen, reduzierten und klaren Farb- und Formensprache. Zu allen Grafiken gibt es Impulse von unterschiedlichen Autorinnen und Autoren, die alltägliche und bedeutende Lebensfragen aufgreifen.

Nach »Die Bibel in Formen und Farben« und »Trauer in Formen und Farben« eröffnet auch dieses Buch wieder ganz neue Zugänge – nicht nur zur Bibel, sondern auch zu uns selbst. Ein Buch, das Mut macht, inspiriert und überrascht.

Bisher in dieser Reihe erschienen: schnell-und-steiner.de

Impressum

Unterstützer

Herausgeber
Ute Lonny-Platzbecker
Prof. Dr. Paul Platzbecker
Martin W. Ramb

Fotohinweise
Fotografie, soweit nicht anders angegeben:
Open Mind Visuals, Denizhan Krüger und Lars Weiss.
https://www.om-visuals.de/
Günter Mottyll: Seite 2, 23, 55, 61, 64, 68, 93
Matthias Kehrein: Klappen, Seite 11, Rückseite

Gestaltung
Steinfeld : Visuelle Kommunikation,
www.steinfeld-vk.de

Druckerei
Printed in EU

Verlag und Vertrieb
Verlag Schnell & Steiner GmbH
www.schnell-und-steiner.de

ISBN
978-3-7954-3983-5

2. Auflage 2024, © EULENFISCH
Limburger Magazin für Religion und Bildung,
www.eulenfisch.de
Alle Rechte vorbehalten.

**Bibliografische Information der
Deutschen Nationalbibliothek**
Die Deutsche Nationalbibliothek
verzeichnet diese Publikation in der
Deutschen Nationalbibliografie;
detaillierte bibliografische Daten
sind im Internet über
http://dnb.d-nb.de abrufbar.

Anfragen und Kontakt:
mail@ralfknoblauch.de